COMUNICACION POR MEDIO DE LA PREDICACION

Orlando E. Costas, M.A., M. Div.
Profesor del Seminario Bíblico Latinoamericano

COMUNICACION POR MEDIO DE LA PREDICACION

ORLANDO COSTAS

GRUPO NELSON
Una división de Thomas Nelson Publishers
Desde 1798

NASHVILLE   DALLAS   MÉXICO DF.   RÍO DE JANEIRO   BEIJING

© 1989 Editorial Caribe
Departamento de Producción y Ventas:
9200 S. Dadeland Blvd., Suite 209
Miami, FL 33156, EE.UU.

ISBN-10: 089922-021-5
ISBN-13: 978-0-89922-021-5

Printed in U.S.A.
13a Impresión, 10/2007

IMPRESO EN COLOMBIA
BUENA SEMILLA
Apartado 29724
Bogotá, Colombia

INDICE

ACLARACION Y AGRADECIMIENTO

Este trabajo es producto inmediato de las conferencias que dicté en los cursos de "Introducción a la comunicación humana" y "Homilética avanzada" durante mi primer año de servicio (1970) como miembro del cuerpo docente del Seminario Bíblico Latinoamericano. Digo producto inmediato de dichas conferencias, porque el material del mismo lo he ido coleccionando desde el año 1964. Ese año enseñé por primera vez un curso sobre la predicación a un grupo de laicos de la Primera Iglesia Bautista de Yauco, Puerto Rico. Cuatro años más tarde volví a enseñar el mismo curso a otro grupo de laicos de la Iglesia Evangélica Bautista de Milwaukee, Wisconsin, EE.UU. Durante ese lapso de cuatro años tuve el privilegio de hacer estudios especializados en homilética y teoría de la comunicación en Trinity Evangelical Divinity School, Garrett Theological Seminary y Northwestern University (todas en EE.UU.). Fue durante mis estudios en dichas instituciones cuando entré en contacto con los tres profesores a quienes va dedicada esta obra. A ellos debo el haber perfilado mi inquietud sobre el púlpito latinoame-ricano y el haber ensanchado el contenido de mis notas originales.

Esta obra ha sido preparada por tres razones básicas. La primera tiene que ver con la insatisfacción que, como profesor de predicación en la América Latina, he sentido con la bibliografía existente en dicho campo. La mayor parte de los textos publicados en castellano no son más que traducciones del inglés. La mayoría de éstos fueron escritos hace más de 10 ó 15 años. De ahí que no sólo carezcan de una perspectiva latinoamericana, sino también que no estén al día con los pasos gigantescos que se han dado en la ciencia de la comunicación. Se puede decir lo mismo con respecto a aquellas obras escritas originalmente en español. Con la excepción del libro de Crane, *El sermón eficaz,* la mayoría se limitan a repetir lo que los referidos textos dicen o a discutir temas triviales, de poca vigencia para el predicador contemporáneo.

La segunda razón por la cual he intentado publicar "estas notas" se debe a mi profundo deseo de mejorar la calidad de mi enseñanza. Es decir, este es un esfuerzo por hacer los cursos de predicación más vigentes y pertinentes a la vida y ministerio de mis estudiantes. Para ello me ha parecido necesario convertir mis cátedras en talleres, clínicas o laboratorios de predicación donde se discute y se practica el material estudiado *fuera* de la clase. De esta manera podemos aprovechar el tiempo discutiendo y respondiendo a las inquietudes y problemas que los alumnos traen consigo al aula, haciendo el mejor uso de los medios audiovisuales que han sido puestos a nuestra disposición, tales como el videograbador, para la práctica de la predicación, el pizarrón, el retro-proyector, para hacer diagramas que arrojen luz a la teoría y práctica de la predicación, y el proyector "opaco", para el análisis estructural de los bosquejos sermonarios que preparan los estudiantes.

La tercera razón que me ha motivado a publicar estos apuntes es el doble deseo de poner mi granito de arena en el lento desarrollo de una homilética latinoamericana, y de ayudar a aliviar un poco la ardua tarea de muchos profesores de predicación que, hoy por hoy, carecen de recursos adecuados para la fiel dispensación de sus responsabilidades docentes. En cuanto a lo primero, reconozco que este esfuerzo es apenas un intento ya que en la América Latina se han hecho muy pocos estudios empíricos y teóricos en el campo de la comunicación. De aquí que mucha de mi documentación sea de extracción norteamericana. Aún lo poco que tenemos en español en el campo de la comunicación, especialmente en la comunicación oral (a cuyo campo pertenece la homilética), no es nada más que traducciones de obras escritas 5, 10 ó 15 años atrás.

Confieso, por tanto, que para este trabajo he tenido que acercarme a la misma fuente de la que hemos tenido que beber a lo largo de la historia de la predicación en América Latina. No obstante, he tratado

de relacionar lo expuesto con la situación concreta de la iglesia latinoamericana. La teoría desarrollada ha sido puesta a prueba en dos
congregaciones latinas, y por tanto, ajustada a esa situación. Ha sido
naturalmente moldeada \ hasta transformada por la dinámica de la
ocasión y de la circunstancia y, de esta manera, si no ha quedado del
todo exenta de la influencia extranjera, creo que al menos será base
sólida para futuros trabajos autóctonos.

En cuanto a lo segundo, me parecen muy obvias las tremendas
limitaciones que rodean a muchos profesores de predicación.
La falta de recursos bibliográficos agobian constantemente sus labores
docentes. Sé que el libro de Crane ha servido de gran ayuda en este
sentido. Deja mucho que desear, sin embargo, el que todo lo que
exista en español sea solamente un buen texto de predicación. Esto es
especialmente trágico en un campo tan vasto como la comunicación
oral sagrada donde no se puede esperar decir todo lo que se debe en un
solo volumen. Además, hay siempre la necesidad de que los estudiantes tengan más de un enfoque de una materia dada. Esta obra intenta
ayudar a satisfacer esa necesidad.

Este trabajo fue publicado inicialmente en forma mimeografiada con
el fin de poner a prueba su contenido esencial en una situación
experimental. Para esto, se preparó una serie de preguntas-
ejercicios correspondientes a cada capítulo. Estas se suministraron a
los estudiantes del curso "Homilética avanzada" durante el segundo
semestre del año lectivo 1971. Cada alumno estudiaba el texto en su
casa a la luz de los ejercicios asignados, y el aula era un laboratorio
donde se examinaba críticamente el trabajo de cada uno. Cada vez
que surgía alguna dificultad con el texto o con preguntas particulares
se hacían apuntes para una futura revisión. El resultado de ese
experimento "semi controlado" es la presente edición.

Para la misma he organizado el material según el sistema decimal.
Este "consiste en ordenar un escrito en numeración seguida y dividir
cada una de las secciones en números que llevan como primer guarismo el número del capítulo; como segundo guarismo el número de
la sección del capítulo y como tercero o cuarto las diferentes
subsecciones en que está dividida esa parte del capítulo".[*] Al final de

---

[*]Felipe Pardiñas, Metodología y técnica de investigación en ciencias sociales:
introducción elemental (México: Siglo Veintiuno Editores, S.A., 1970), p.9.

cada capítulo aparece una sección denominada "ejercicios mentales
y homiléticos", que son las preguntas-ejercicios suministradas a los
estudiantes y revisadas a la luz del resultado del experimento. Hay un
ejercicio para casi todas las secciones del capítulo. Se ha hecho esto
con una finalidad pedagógica: facilitar el estudio y darle una orientación práctica al trabajo. De esta manera, se espera que el lector pueda
percibir fácilmente el contenido y aplicarlo a la tarea específica de
la predicación.

Muy pocos son los libros que se escriben y se publican sin que el autor
se sienta endeudado con otros por su contribución y esfuerzo. Este no
es una excepción. Aprovecho, pues, la oportunidad para expresar mi
más profunda gratitud a mi fiel y abnegada esposa, Rosa F. de Costas,
quien con tanto esmero y sacrificio mecanografió todo el manuscrito
varias veces. A ella le debo no sólo la ayuda técnica sino también el
aliento moral y espiritual.

Me siento también profundamente agradecido al personal de Editorial
Caribe por su magnífica contribución. Al Rdo. Miguel Berg, director
de Editorial Caribe, por su confianza y disposición en publicar este
trabajo en una edición de prueba que permitiera analizar el probable
efecto y corregir o modificar aquellas áreas que en el experimento
mostraran ser difíciles de digerir. Hay que reconocer que libros de esta
índole tienen un mercado limitado. Por ello considero que la aportación
de don Miguel ha sido sumamente valiosa. Especialmente me siento
endeudado con los señores don Otto Minera y don Samuel Cuadra,
miembros del departamento de redacción de Editorial Caribe, por sus
muchas horas de trabajo en la corrección del manuscrito; a don Wilfred
Angus del departamento de envíos de la Comunidad Latinoamericana
de Ministerios Evangélicos quien también trabajó con empeño en el
mimeógrafo para hacer posible el uso del libro para el segundo semestre
del año lectivo 1971; a la Srta. Dorothy Flory del departamento de
relaciones públicas del Seminario Bíblico Latinoamericano por dibujar
el diagrama que aparece al final del capítulo V; y al Sr. Ricardo McElroy
de la oficina de relaciones públicas de la Comunidad Latinoamericana
de Ministerios Evangélicos, por su dedicación al elaborar el diseño de
la portada de la edición de prueba. A todos ellos ¡muchas gracias!

Orlando Costas
San José, Costa Rica
31 de abril de 1972

A MODO DE PROLOGO

Muchas son las señales que indican que la iglesia protestante latinoamericana se está vistiendo de largo. Los pantalones cortos, inequívoca marca de adolescencia y puerilidad, han sido descartados y de todos los ángulos nos vienen irrefutables indicios de una maduración de pensamiento, estrategia y expresión autóctonas que parecen ser la sublime culminación de un proceso de incubación y de crecimiento innegable.

Por muchos años se ha venido hablando del fin del paternalismo en las relaciones de las misiones con las iglesias nacionales. Sin alardes nacionalistas ingratos, pero con una seriedad teológica muy sólida, hemos oído hablar del fin del colonialismo misionero. Se ha abogado por el corte del cordón umbilical que emocional, teológica y financieramente nos ha unido a la iglesia del Norte. Los unos, movidos por razones personales, víctimas de injusticias incubadas en el seno de la iglesia, discriminados y disminuidos en sus valores humanos por misioneros que erraron la vocación y equivocaron su geografía, porque debieron permanecer en Wall Street o trabajando con una compañía de seguros, han tronado contra el paternalismo y han gritado a los cuatro vientos la necesidad dramática del destete. Los otros, aguijoneados por punzantes alfileres teológicos, han revisado y vuelto a revisar la doctrina de la iglesia, la historia del movimiento misionero, los fenómenos sociológicos de los últimos treinta años, y han concluido con juicio sereno y limpio de amarguras y resentimientos, que aunque agradecemos lo hecho por nosotros en nombre de Cristo, ya podemos volar con nuestras propias alas (algunas se nos quemaron como en el mito de Icaro) y beber del vino de nuestros propios viñedos. "Nuestro vino, de plátano; y si sale agrio, es nuestro vino", decía José Martí. Ya la iglesia protestante latinoamericana está bebiendo del vino producido en sus propios viñedos por sus propios "agricultores".

Es por esto, y sólo por esto, que se habla más y más de una "teología del Tercer Mundo". Y se subraya la necesidad de reunir a "teólogos del Tercer Mundo" para que produzcan, no una traducción de teología europea traducida a su vez en Estados Unidos, sino una teología parida, alumbrada en el lecho agónico que es América Latina, con sus millones hambreados; con sus deprimentes zonas de pobreza extrema; con sus cárceles llenas, escenario sangriento de tortura física y emocional; con sus dictaduras castrenses, de derecha y de izquierda, distorsionando el alma del pueblo y deformando lo noble y generoso que late en el hombre de América.

Y es precisamente en este trasfondo de latinoamericanización que recibimos con gratitud el libro producido por un homilético de nuestras tierras, el Profesor Orlando Costas.

Las virtudes del libro son varias. Un inventario de las mismas sería casi una cuestión retórica ya que el valor funcional de esta obra, que surge del salón de clases, se notará, sólo en su uso en el salón de clases. Claro es que, en última instancia, su prueba suprema será el púlpito. Allí, en la sagrada cátedra, se verá si la metodología, el sentido de responsabilidad y la disciplina que Orlando Costas imprime en la mente de sus educandos, han sido verdaderamente comunicados. Pero a pesar de que sabemos esto (que el valor de esta obra no se puede probar con dogmas, sino con su uso) queremos señalar algunos elementos de interés que la rodean, la motivan y la forman.

Digamos, primero, que su autor es un obsesionado con el tema de la comunicación. Un conversador, a veces avasallante y siempre "en onda", Orlando Costas vive para comunicar. Sus ideas, su exhuberante personalidad, su cálido sentido de la amistad y su pasión por América están siempre en el punto de darse. El es, básicamente, un comunicador. Su obra, pues, brota de esta absorbente pasión. Y esta pasión hace de su libro, un documento humano. Todo libro, por

objetivo que pretenda ser, siempre es autobiográfico. Este libro
sobre comunicación es, parcialmente, la autobiografía de
Orlando Costas.

Añadamos esto: el libro es eminentemente práctico. Antes dijimos
que brota de la experimentación en el salón de clases. No es el
documento sereno de gabinete, concebido, planeado y escrito en una
nube de suposiciones y conjeturas. No. Es una obra experimental.
Va a la prensa sólo después de que Orlando Costas y sus alumnos han
estado "con dolores de parto" por mucho tiempo (¡mucho más de nueve
meses!), en el salón de conferencias. Por eso el libro tiene una virtud
de la cual adolecen muchas obras latinoamericanas: es práctico.
Los latinoamericanos tendemos a generalizar, a dogmatizar con estereo-
tipos y absolutos incontrovertibles. Teorizamos. Especulamos.
Conjeturamos. Y después, con un buen puño sobre la mesa, concluimos.
Esta obra no es así: aquí hay mucho camino que se ha hecho al andar.
"Caminante no hay camino, se hace camino al andar". En cierto
sentido, el púlpito latinoamericano no ha tenido camino propio.
Ha vivido de importaciones, de préstamos, de imitaciones. En estilo,
vocabulario y contenido hemos copiado, hemos imitado. Esta obra
del Profesor Costas, por práctica y por nuestra, tiene el valor de lo que
no es copia, sino original (hasta donde se puede ser original en este
campo de la retórica y la predicación).

Orlando Costas, además, es un trabajador incansable. En su persona se
suman dos factores que en muchos hombres vemos divorciados. Unos
hombres tienen muchas ideas, pero carecen de capacidad ejecutiva.
Otros, con una enorme capacidad de acción, tienen el cráneo hueco.
Orlando Costas tiene muchas ideas (¡a veces parece que demasiadas!)
y tiene también una contagiosa y estimulante capacidad de trabajo.
A la luz de esto, su concepto de predicación eficaz va unido al
concepto de trabajo intenso, de disciplina y de cultivo laborioso.
Este libro dice claramente que predicar no es fácil. Los sermones bien
logrados no caen del cielo, en cápsulas lingüísticas y lógicas, como
caía el maná en las manos del pueblo hebreo. Predicar con claridad
(y con caridad) es tarea que reclama sudor y lágrimas. El mensaje nos
es dado y nada debemos ni tenemos que hacer para modificarlo.
Pero el sermón es hechura humana. El sermón es un complejo de
realidades reveladas, teológicas; y de fenómenos existenciales que
invaden el terreno de lo sicológico, de lo sociológico y de lo histórico.

Es ecuación lingüística. Es excursión al campo de la semántica.
Es esfuerzo honrado de exégesis que reclama lucha cordial con raíces,
con etimologías, con trasfondos culturales orientales. Y todo esto,
disparado contra la realidad de un hombre deshumanizado por siglos
de opresión, por desencantos políticos, por frustraciones vocacionales,
por traumas que pesan más que el Aconcagua. El planteamiento
homilético de Orlando Costas pretende ser leal a toda esta madeja de
realidades que galopan en el sermón y en las emociones del oyente.

Si nos obligaran a decir, en una frase, donde radica el valor principal
de este libro, esta sería nuestra respuesta; en el momento oportuno en
que ve la luz. Expliquemos. Vivimos, en el seno de la sociedad, y por
ende de la iglesia, un momento de activismo innegable, creciente.
Radicalismo de todos los matices pueblan el hacer y el querer del
hombre de hoy. Sea el hombre del mundo, el hombre secular, el
hombre absurdo de Camus, o sea el hombre nuevo de Pablo. Este activismo tiende a disminuir el valor de la palabra hablada. Como palabra
en drama, la acción vale más que la retórica. La palabra que sufrió
inflación, ahora se devaloriza, ¡error craso! Es justamente en
época de militancia, cuando más se necesitan los profetas. Es en temporadas de acción continua, cuando más falta hace tener hombres
que pensando y hablando con claridad, den contenido y rumbo a la
acción. Antes hablamos de una teología del Tercer Mundo, ahora
decimos que si esta teología va a llegar al púlpito licuada, en traje
funcional, como parte del metabolismo de la iglesia, es preciso que
haya predicadores que la pongan al nivel popular del sermón, que la
comuniquen, que la canalicen. Porque el predicador cristiano no
predica teología. Pero si su predicación no parte de una teología y si
carece de armazón teológica, entonces viene a ser "como metal que
resuena o címbalo que retiñe". Que en gabinetes antisépticos los
teólogos produzcan su teología (¡si es que una teología de gabinete
o de ateneo tiene vigencia en el día de hoy!); y que después, profetas
inflamados, predicadores encendidos de pasión por la claridad, lleven
esta teología al centro mismo del pensar y del decidir humano.

Y es posible que exageremos, pero sinceramente creemos que este
libro de técnica de la predicación puede ser un medio útil para producir mejores predicadores. Porque a nadie escapa el hecho de que en
nuestra América hay crisis de profetas, de predicadores con autoridad
integral de didactas del púlpito. Carecemos de hombres que, siendo

visibles en sus comunidades durante la semana, sean inteligibles el
domingo desde el púlpito. Esta capacidad de hacernos entender sólo
viene por estudio, método, disciplina, esfuerzo laborioso. Y este
libro del Profesor Orlando Costas propugna un esfuerzo homilético
basado, no en la pereza que mueve a improvisar irresponsablemente;
sino en el esfuerzo continuo, en la organización de material
pertinente, en el desarrollo de un estilo retórico acorde con los
tiempos. Basado en un enfoque socio-teológico de la problemática
humana moderna, que tenga honradez intelectual e integridad en su
motivación.

Saludamos este aporte a la bibliografía homilética de América Latina
desde el punto de vista de un predicador. Como predicador, nos
parece que este libro puede motivar a muchos predicadores, enquis-
tados y obsoletos en sus métodos y estímulos, para traer una
renovación, más que necesaria, al púlpito de nuestra iglesia. Las épocas
de grandeza de la iglesia de Jesucristo siempre han coincidido con las
épocas de grandeza de su púlpito. El llamado evangelista (y nuestra
América ha sufrido tantos de estos evangelistas) es el que predica un
mismo sermón a diferentes congregaciones. El pastor es el que
predica distintos sermones a una misma congregación. Lo primero es
fácil. Lo segundo es tarea más que titánica que reclama una perenne
renovación, estudio sin tregua, lectura multifásica, espíritu investi-
gador y un gran corazón. Evangelista, en el sentido en que mencionamos
arriba, puede ser cualquiera. Pastor-predicador, sólo el que une a su
llamamiento y hondo sentido vocacional un profundo respeto por la
palabra escrita; un gran amor por la Palabra encarnada; y una vertical
convicción en el valor de la palabra hablada. El libro del Profesor
Costas puede ser, para pastores, un acicate que mueva a la conquista
de nuevos horizontes en el campo de la predicación.

Saludamos este aporte en nuestra condición de exmaestro de técnica
de la predicación en un seminario de América Latina. La bibliografía
en este campo es abundante, pero toda ella, con raras excepciones,
en inglés. Orlando Costas, sin despreciar la contribución sajona, hace
un esfuerzo plausible por darnos una homilética para el camino
latinoamericano. Como libro de texto para nuestros seminarios,
institutos bíblicos, escuelas de predicadores y conferencias sobre comunicación, este libro tiene un valor inestimable.

Y finalmente, saludamos esta aparición literaria, desde el punto de vista de un hombre latinoamericano, cuya convicción nacionalista, lo llevó a comprometerse con una revolución que creyó libraría a su patria de un imperialismo malo; sólo para verla esclavizada por un imperialismo peor. En este sentido, como cosa nuestra, como producción concebida y dada a luz en un ambiente latinoamericano por hombres latinoamericanos, este libro merece ser recibido con gratitud a Dios y a su autor. Lo cortés no quita lo valiente. Pero el valor no cancela la cortesía. Afirmar nuestra herencia cultural, vivir con sano orgullo de lo que es genio y esencia de uno, no prostituye a ningún hombre. Se puede hacer afirmación de valores nacionales sin negar lo que otros a su vez consideran de valor en su propia cultura. Orlando Costas ha logrado unir, en armónico balance, nuestras raíces y sus frutos, tomando lo mejor de los frutos y raíces de la contribución sajona al campo homilético.

América Latina debe recibir con júbilo sincero y con emocionada gratitud, este formidable esfuerzo literario. Y quiera Dios que sus frutos se vean en púlpitos poderosos, que ministren en una iglesia de poder, a una sociedad sin poder que sólo se redimirá en el poder de Cristo.

Cecilio Arrastía
Nueva York, Mayo 30, 1972.

PRIMERA PARTE

La naturaleza de la predicación

CAPITULO 1

EL SENTIDO TEOLOGICO DE LA PREDICACION

1.0 Introducción

1.01 Entre las múltiples responsabilidades del pastor, la que tiene mayor prioridad es la predicación. En cierto sentido, no obstante, la importancia de la predicación en el ministerio pastoral ha sido condicionada por el ambiente en que se ministra. El énfasis que se le dio a la predicación en la liturgia protestante a partir de la Reforma, hizo que ésta se convirtiera en la tarea más importante del pastor. De ahí que, en la mayoría de las iglesias protestantes, la eficiencia de un pastor se mide por su éxito como predicador. Todo ello ha contribuido a que la imagen del pastor que se ha formado en el ambiente cultural, por lo menos en el occidente, sea la de un predicador.

1.02 Pero la predicación, aparte de la influencia del ambiente cultural, ocupa por su propia naturaleza un lugar especial, no meramente en el ministerio pastoral, sino en el ministerio total de la iglesia cristiana. El destacado teólogo inglés P. T. Forsyth, reconoció este hecho al declarar en su obra, *La predicación positiva y la mentalidad moderna,* que con "su predicación el cristianismo se sostiene o se derrumba".[1] Años antes, Broadus había iniciado su clásico *Tratado sobre la predicación* afirmando que "la predicación es el principal medio de difusión del evangelio" y, por lo tanto, es "una necesidad". [2] Con esto concuerdan las palabras de Pablo en 1 Corintios 9:16 donde se refiere a la predicación como una necesidad impuesta por Cristo: "¡Ay de mí si no predicare el evangelio!" Es que la predicación es la responsabilidad primordial de la iglesia. Está intrínsecamente vinculada a la Gran Comisión. "Id por todo el mundo y *predicad...*" fueron las palabras del Señor a su iglesia al encomendarle la tarea de "hacer discípulos a todas las naciones" (Mt. 28:19; Mr. 16:15).

1.03 La importancia y centralidad de la predicación en el ministerio de la iglesia, es, pues, un hecho indiscutible. De ahí la necesidad de que ésta conozca la naturaleza esencial de la predicación. Para una concepción amplia y correcta de la predicación hay que acudir no sólo a la Escritura, sino también a otros campos del pensamiento humano, tales como la retórica y la psicología, por cuanto, la predicación es tanto un acto divino como humano. En este capítulo sin embargo, nos concretaremos al sentido teológico de la predicación.

1.04 El sentido teológico de la predicación se desprende del hecho de que es la transmisión de un mensaje que se origina con Dios y se transmite por orden de Dios. Como bien ha dicho Donald G. Miller:

Predicar es venir a formar parte de un evento dinámico en el cual el Dios viviente, el Dios redentor, reproduce su acto de redención en un encuentro viviente entre El y los que escuchan a través del predicador.[3]

Vista en toda su significación, la predicación tiene un carácter teologal, cristológico, evangélico, antropológico, eclesial, escatológico, persuasivo, espiritual y litúrgico.

1.1 El carácter teologal de la predicación

1.11 La predicación tiene su punto de partida en el amor de Dios y en la revelación de ese amor. Amor infinito que dio origen a la auto-revelación de Dios, y que es a la vez la causa de la predicación. De ahí que Miller nos advierta que la predicación "no se centraliza en ideas humanas acerca de Dios, sino en lo que Dios ha hecho..."[4]

1.12 La predicación deriva su energía del poder de Dios. Por tanto, es un mensaje poderoso. Es tan poderoso que Dios mismo lo ha hecho el vehículo para salvar a los hombres. Como bien nos dice Pablo: "Pues ya que en la sabiduría de Dios, el mundo no conoció a Dios mediante la sabiduría, agradó a Dios salvar a los creyentes por la locura de la predicación" (1 Co. 1:21; cp. Ro. 10:12-15, 17).

1.13 De igual manera, la predicación recibe su autoridad de parte de Dios. Esa autoridad se desprende del hecho de que es un mensaje que está arraigado en lo que Dios ha dicho. Aún más, es un hecho que la autoridad inherente de la predicación es el resultado de la presencia misma de Dios en el acto de la predicación. La predicación es autoritativa porque el que predica no es el predicador, sino *Dios a través del predicador,* de modo que la palabra predicada viene a ser verdaderamente palabra de Dios.

1.14 El objetivo final de la predicación es el conocimiento de Dios. Por consiguiente, la predicación no sólo halla su punto de partida en Dios y se lleva a cabo por el poder y la presencia de Dios, sino que también tiene su fin en Dios, ya que procura llevar a los hombres al conocimiento personal de Dios.

1.2 El carácter cristológico de la predicación

1.21 En segundo lugar, la predicación tiene carácter cristológico. Como el mediador del nuevo pacto, que tiene como núcleo al evangelio, Cristo es el eje de la predicación. Es él, por tanto, quien le da el contenido a la predicación, ya que sin él no hay *kerygma.* Además, le da verdadero propósito, pues sin él no hay salvación (He. 4:12).

1.22 La predicación debe ser, por lo tanto, cristocéntrica. Debe relacionar todas las cosas: el orden socio-económico, político, cultural, educativo y religioso, con Cristo. De igual manera, debe procurar compartir a Cristo como persona con las masas despersonalizadas. Ello tiene implicaciones intelectuales y sicológicas. Es decir, en la predicación no sólo se debe compartir ideas acerca de Cristo (su señorío sobre la historia; su encarnación, muerte y resurrección, su ascensión y segunda aparición), sino también la *realidad* de su persona. Esto último se logra por medio de la experiencia y la personalidad del predicador cuando predica movido por una experiencia personal con Cristo y saturado de Su poder

1.3 El carácter evangélico de la predicación

1.31 La predicación no es un mero discurso moral, político o religioso. Es más bien la comunicación del evangelio de Cristo. Esto no quiere decir que todo lo que se debe predicar es la encarnación, muerte y resurrección de Cristo. Pero sí quiere decir que el evangelio es la presuposición de toda predicación cristiana. Todo lo demás, el enfoque didáctico o el pastoral, se hace cristiano por su relación con Cristo, y evangélico por su relación con el evangelio.

1.32 La predicación tiene, pues, un carácter evangélico, porque anuncia preeminentemente la actividad de Dios en Cristo en favor de la humanidad. Es así, que no importa cuál sea el objetivo inmediato de la predicación. Este puede ser anunciar los elementos básicos del evangelio, exponer las grandes doctrinas ético-teológicas de la Biblia, consolar o aconsejar a los creyentes, pero el propósito final es obtener una respuesta de fe y dedicación a Jesucristo. En otras palabras, la predicación, no importa cual sea su énfasis particular, trata de anunciar el evangelio y sus implicaciones para toda la vida.

1.4 El carácter antropológico de la predicación

1.41 En la predicación, el hombre es siempre el receptor. La predicación cumple su fin cuando penetra en la vida de los hombres e influye en su comportamiento. Esto quiere decir que tanto el *qué* (el contenido) de la predicación como el *cómo* (la manera de presentar ese mensaje) tienen que tener presente al *quien* (el receptor).

1.42 La predicación se dirige al hombre como un ser enajenado de Dios, y por tanto, fuera de las fronteras de la familia de Dios. Entendida en este sentido, la predicación llama al hombre a la comunión de la iglesia. Como bien dice Donald Macleod:

...la predicación da origen a la iglesia. A través de la predicación los apóstoles establecieron la iglesia. Cuando entraban a una nueva ciudad le contaban a la gente lo que Dios había hecho por los hombres en Jesucristo. Como resultado se formaba una unidad de compañerismo como parte del cuerpo de Cristo.[4]

1.43 La predicación se dirige también al hombre como parte de la

iglesia. En este sentido, la predicación edifica la iglesia.
Como instrumento para la transmisión de la Palabra de Dios, la
predicación es el fundamento de la iglesia, por cuanto es el órgano que le da vida. Además, la predicación ilumina, acompaña
y protege a la iglesia, porque la reúne y continúa edificándola,
nutriéndola y haciéndola crecer.

1.5 El carácter eclesial de la predicación

1.51 Lo dicho nos pone de lleno en el carácter eclesial de la
predicación. La predicación se lleva a cabo en el contexto de la
iglesia y, por tanto, está atada a la existencia y misión de ésta.
"Precisamente por esta razón", nos advierte Karl Barth, "la
predicación debe conformarse a la revelación". Y añade,

*la predicación, cuando es fiel a la revelación de Dios, efectúa
la reconciliación; y donde los hombres reciben esta Palabra, ahí
está la Iglesia, la asamblea de los que han sido llamados por el
Señor... La Iglesia existe porque se hace sonar ese llamamiento
y porque los hombres pueden oírlo. Es por ello que el lazo que
ata a la predicación con la Iglesia se desprende de su fidelidad a
la revelación.* [6]

De ahí que la predicación, como hemos dicho, de origen a la
iglesia y la haga crecer en gracia. Como también nos dice Domenico Grasso en su *Teología de la predicación:*

*la predicación misionera crea la Iglesia al llamar a los hombres
dejados de Dios a la salvación , [y] la catequética... [desarrolla]
la comunidad cristiana, enraizando a los fieles cada vez más
profundamente en Cristo.* [7]

1.52 La predicación hace consciente a la iglesia de la realidad
de su posición en Cristo y de su vida actual. Su naturaleza es
desarrollar conciencia en los miembros de la comunidad cristiana
de que pertenecen al pueblo de Dios, a la nueva humanidad, a un
reino de sacerdotes y a una nueva nación santa; a una comunidad
apostólica, profética y peregrina. La predicación tiene también
que crear conciencia en la iglesia de cómo está viviendo esa
realidad y cumpliendo con su llamamiento. En este sentido, el
predicador ejerce la función del profeta, esto es: llamar al pueblo
de Dios a considerar (reflexionar) sus caminos delante de Dios

(cp. Hag. 1:5), y, si es necesario, llamarle a arrepentirse y a convertirse de sus malos caminos (cp. Is. 1:10-20; 55:6-8).

1.6 El carácter escatológico de la predicación

1.61 En sexto lugar, la predicación tiene carácter escatológico que se desprende del hecho de que pertenece a los "últimos tiempos". Al hablar de los últimos tiempos, nos referimos a lo que Grasso ha llamado "la última fase de la historia de la salvación, en la que se invita a los hombres, sin acepción de razas o nacionalidades, a participar del reino de Dios".[8] Esta dispensación, por así decirlo, fue inaugurada con la muerte y resurrección de Jesucristo y será consumada en su segunda aparición. Tiene que ver con el reino que anunciaba Jesús, por cuanto invita a los hombres a participar de un nuevo orden de vida.

1.62 La predicación tiene también un carácter escatológico porque confronta al hombre con dos posibilidades futuras: condenación o salvación. La predicación sacude al hombre en sus sentimientos más íntimos y lo obliga a reflexionar sobre su futuro. Y no sólo lo obliga a reflexionar, sino a tomar una decisión respecto a las alternativas que hay en ese futuro.

1.7 El carácter persuasivo de la predicación

1.71 La predicación tiene un fin persuasivo. Su objetivo primordial es persuadir a los hombres, estén éstos fuera o dentro de la iglesia, a darse por completo al Señor. De ahí que Pattison define la predicación como "la comunicación verbal de la verdad divina con el fin de persuadir".[9]

1.72 En la persuasión se trata de cambiar la actitud (o actitudes) y la creencia (o creencias) de una o más personas. Se procura lograr una decisión con respecto al mensaje que se comunica. Por tanto, al decir que la predicación tiene un carácter persuasivo queremos decir que no se conforma con que haya una actitud favorable hacia el mensaje, sino que procura penetrar por todos los medios en los oyentes hasta que éstos respondan en fe y obediencia. En otras palabras, la predicación busca una transferencia de significados que influya sobre el comportamiento de los oyentes: procura que los oyentes cambien de actitud con respecto a Cristo y a su evangelio, con todo lo que ello implica.

1.8   El carácter espiritual de la predicación

1.81   La predicación no sólo tiene letra sino espíritu. El carácter
espiritual de la predicación emana del hecho de que es un acto testificante del Espíritu Santo. Es él quien finaliza y hace penetrar el
mensaje predicado en tal forma que los oyentes sean persuadidos.
En este sentido, el Espíritu Santo no sólo ilumina al receptor de
modo que comprenda el sentido del mensaje, sino que también lo
convence de pecado y de su necesidad de Cristo. Hace que ese
mensaje penetre en el corazón de tal forma que se realice esa transferencia de significados y haya un cambio de mente y actitud, una
respuesta de fe y obediencia a Cristo.

1.82   Es por ello que la predicación necesita hacerse a través del
Espíritu Santo, si es que ha de ser eficaz. Como bien nos dice
Jean-Jacques Von Allmen en su obra sobre *La Predicación y la
Congregación:* "Sin la obra del Espíritu Santo, la Palabra que Dios
ha hablado al mundo en su Hijo no puede ser traducida eficazmente
ni hacerse presente".[10] De ahí también la importancia de la oración
en la predicación. Porque es a través de la oración que el predicador
expresa su dependencia de la persona y obra del Espíritu Santo.
Hay en la oración un principio de debilidad, insuficiencia y dependencia. El que ora, lo hace porque se siente incapaz de cubrir sus necesidades: porque reconoce que su "socorro viene de Jehová"
(Sal. 121:2). En la oración el predicador confiesa su debilidad e
insuficiencia para cumplir el propósito de la predicación. En su
debilidad pide la ayuda del Espíritu quien intercede con gemidos
indecibles (Ro. 8:26) y hace posible la manifestación del poder de
Dios en la proclamación .

1.9   El carácter litúrgico de la predicación

1.91   La predicación tiene también un carácter litúrgico. Entendemos por liturgia el culto que le rinde la iglesia a su Dios, o la
adoración pública de Dios como expresión de servicio. En la
adoración, la iglesia reconoce el valor supremo de Dios en cada aspecto
de la existencia humana, y celebra la victoria de Dios en Cristo. En
la celebración de esa victoria, la iglesia, unida a esa nube de testigos
de todos los tiempos, proclama el triunfo del evangelio y ofrece a
toda la humanidad, en nombre de Dios, los frutos de esa victoria.

1.92   Toda adoración pública constituye, por sus propios méritos, un acto de proclamación y, por tanto, se le puede llamar un acto de predicación.   Sin embargo, hay dentro de ese acto una parte que es dedicada a interpretar y a aplicar el sentido de la proclamación. Entendida de esta manera, la predicación es un aspecto integral de la adoración pública de la iglesia.   Como tal, tiene una triple función.

1.92.1   En primer lugar, la predicación unifica la adoración pública. Hace evidente el diálogo involucrado en la adoración, entre la Palabra de Dios y la palabra del hombre, entre Dios mismo y el hombre y entre éste y su prójimo.   La predicación, entendida como la Palabra de Dios dirigida al hombre, no se completa hasta tanto el hombre no responde a Dios.   Pero como en esa Palabra está implícita la palabra del prójimo, la respuesta humana tiene también que tener una dimensión horizontal.   La predicación es, pues, un puente entre Palabra y sacramento, entre revelación y respuesta.   En la predicación se hace evidente la dinámica de la adoración que el profeta Isaías nos describe en el capítulo seis de su libro: el llamamiento de Dios y la respuesta del hombre, la confesión humana y el perdón divino, la proclamación de la Palabra y la dedicación del adorante, la comisión al servicio y la promesa de poder para el cumplimiento de esa tarea.

1.92.2   En segundo lugar, la predicación hace contemporánea la victoria del evangelio que se celebra en la adoración.   La predicación interpreta el simbolismo evangélico, presente en la adoración, que actúa como señal de la victoria de Dios.   La predicación aplica esa victoria tanto a las necesidades de la iglesia como del mundo.   La predicación, pues, le da a la adoración un carácter existencial, al relacionarla con toda la vida.   La predicación es el vehículo por excelencia para la transimisión de la gracia divina que viene como resultado de la adoración divina.

1.92.3   En tercer lugar, la predicación provee el tema del culto.   Para que el servicio de adoración posea una buena simetría, debe haber una coordinación de los himnos, las oraciones, las antífonas, las lecturas bíblicas y el mensaje que va a predicarse. Como el sermón es la exposición y la interpretación de un tema bíblico, es importante que los otros elementos giren en torno al tema del sermón; de lo contrario, se corre el riesgo de perder la unidad y la simetría, que son tan esenciales para la adoración.

1.10 Conclusión

1.10.1 La predicación es, finalmente, un acto dinámico en el cual Dios se dirige a hombres y mujeres fuera y dentro de su pueblo, para confrontarlos con las profundas implicaciones de su obra redentora en Cristo. Es un acto integral de la adoración pública de la iglesia. Sobre todo, la predicación es un acto escatológico, por cuanto atañe a los últimos tiempos y es el instrumento por excelencia del Espíritu para la salvación de los hombres. Es por ello que el predicador no puede concebirse a sí mismo como un mero orador, ni "como un empresario que presenta una estrella a una multitud", [11] sino como un siervo, instrumento y heraldo de Dios.

1.10.2 Es a base del sentido teológico de la predicación que debemos juzgar nuestra predicación. ¿Tiene nuestra predicación un carácter teologal, cristológico, evangélico, antropológico, eclesial, escatológico, persuasivo, espiritual y litúrgico? ¿Qué imagen tenemos de nuestra función como predicadores? ¿Nos vemos a nosotros mismos como siervos de Jesucristo, como heraldos de su evangelio y como instrumentos del Espíritu, o simplemente como oradores, empresarios o artistas? Sobre la respuesta que le demos a estas interrogantes descansa la eficacia de nuestra predicación.

1.11 Ejercicios mentales y homiléticos

1.11.1 ¿En qué consiste la importancia de la predicación? (cp. 1.02, 1.03)*

1.11.2 ¿De dónde se desprende el sentido teológico de la predicación? (cp. 1.04).

1.11.3 Explique el carácter teologal de la predicación. ¿Cómo afecta al predicador y a la predicación? (cp. 1.11-1.14.)

1.11.4 ¿Qué papel desempeña Cristo en la predicación? (cp. 1.21-1.32.).

1.11.5 Explique la relación entre predicación y evangelio (cp. 1.31, 1.32).

---

* Se refiere al párrafo o los párrafos específicos donde se trata el tema de la pregunta.

1.11.6 ¿En qué sentido se orienta la predicación hacia el hombre y cómo lo trata? (cp. 1.41-1.43.)

1.11.7 ¿Qué papel desempeña la iglesia en la predicación y cómo afecta ésta a la iglesia? (cp. 1.51, 1.52.)

1.11.8 Explique brevemente en qué consiste el carácter escatológico de la predicación (cp. 1.61, 1.62.)

1.11.9 ¿Qué papel desempeña el Espíritu Santo en la predicación? (cp. 1.81, 1.82.)

1.11.10 Explique el papel de la predicación en el culto. ¿En qué sentido se le puede designar como un acto litúrgico? (cp. 1.91-1.92.3).

1.11.11 Describa la imagen que tiene Ud. de *su* función como predicador.

Notas

[1] P.T. Forsyth, *Positive Preaching and the Modern Mind* (Grand Rapids, Mich.: Eerdmans, 1966), p. 1.

[2] John A. Broadus, *On the Preparation and Delivery of Sermons* (New York: Harper & Row, 1926), p. 5.

[3] Donald G. Miller, *Fire in thy Mouth* (Nashville: Abingdon, 1954), p.17.

[4] *The Biblical Background for Preaching, Dictionary of Practical Theology* (Grand Rapids: Baker, 1967), p. 1.

[5] Donald Macleod, "The Sermon in Worship" *Ibid.*, p. 68.

[6] Karl Barth, *Prayer and Preaching* (London: SCM Press, 1964), p. 74.

[7] Domenico Grasso, *Teología de la Predicación* (Salamanca: Ediciones Sígueme, 1968), p. 189.

[8] *Ibid,* p. 193.

[9] Harwood Pattison, *The Making of a Sermon* (Philadelphia: The American Baptist Publication Society, 1941), p. 3.

[10] Jean-Jacques Von Allmen, *Preaching and the Congregation* (Richmond: John Knox Press, 1962), p. 31.

[11] *Ibid.*

CAPITULO 2

LA PREDICACION COMO UN PROCESO COMUNICATIVO

2.1 Predicación y comunicación

2.11 La predicación es un acto comunicativo. Tiene como finalidad la comunicación de la Palabra de Dios a los hombres. Comunicar es compartir, y en virtud de ese compartimiento tener ciertos conceptos actitudes o experiencias en común con otras personas. Predicar es, pues, compartir a Cristo con otras personas y así introducirlas a una relación íntima con Dios.

2.12 La comunicación involucra un proceso mental y emocional; constituye una experiencia de interacción social en la que se comparten ideas, actitudes y sentimientos con otras personas con el fin de modificar o influir sobre su conducta.

2.13 Esta definición ubica a la comunicación en la perspectiva de un proceso que implica dinámica, movimiento, acción. De igual manera, la pone en un contexto amplio como actividad intelectual, emocional y social. Abarca la generación, la recepción, la interpretación y la integración de *ideas*. Se da en la esfera de las *emociones*. En este sentido constituye una *transmisión latente* de predisposiciones adquiridas hacia personas, ideas y objetos y de reacciones espontáneas a experiencias vivenciales. Implica, además, que la comunicación es un fenómeno social y representa, por tanto, una prueba tangible de que los seres vivientes se hallan en relación entre sí y en unión con el mundo; de ahí que necesiten compartir con otros sus situaciones

interiores e impresiones del medioambiente. Finalmente, la antedicha definición aclara cuál es la finalidad de todo acto comunicativo:
influir sobre alguien o modificar su conducta.

2.14 Traducido a la predicación, lo dicho quiere decir que ésta
no es una simple transmisión de ideas acerca de Dios y sus relaciones
con el mundo. Implícitas en la predicación están las actitudes o predisposiciones del predicador hacia sí mismo, Dios y su Palabra y la
congregación y su situación vivencial. En ella participan también, en
forma dinámica y determinante, las actitudes de la congregación hacia
el predicador, su mensaje, el culto y sus propios integrantes. De modo
que la predicación, antes de ser un mero dar y recibir estático, donde
uno (el predicador) es el que da y muchos (la congregación) los que
reciben, es una actividad dinámica y una experiencia de interacción
social que afecta y es afectada por el cuerpo y los sentidos, el
pensamiento y las palabras, los sentimientos y las actitudes, los
movimientos y las acciones, la atención y el entendimiento, tanto
del predicador como de la congregación.

2.2 Predicación, sermón, predicador y congregación

2.21 Vista, como proceso comunicativo, la predicación
involucra, pues, una interacción dinámica entre el predicador, su mensaje y la congregación. Veamos brevemente esa interacción partiendo
del origen del sermón.

2.22 Todo sermón constituye una respuesta a una situación
provocativa. En un sentido general, se puede decir que el sermón es
una respuesta a las exigencias de la liturgia cristiana tradicional. Es
decir, un sermón se prepara porque dentro de la tradición cristiana el
sermón es parte de la liturgia.

El sermón es también una respuesta a la obra divina de gracia en
Jesucristo. Es ese hecho magno el que provoca todo sermón. El que
predica lo hace como resultado de una experiencia personal con Cristo,
en virtud de la obra hecha sobre la cruz.

Más específicamente, sin embargo, el sermón es el resultado de una
necesidad humana. Ello implica, por una parte, que esa necesidad la
vive el predicador mismo. Por ejemplo, cuando Pablo dice en 1
Co. 9:16 " ¡Ay de mí si no anunciare el evangelio! ", está expresando

la necesidad personal que sentía de predicar el evangelio. Para Pablo, la predicación era una necesidad interna. O predicaba o reventaba, por así decirlo. Por otra parte, esa necesidad emana de los oyentes propuestos. Todo sermón debe ser una respuesta a las necesidades específicas de la congregación. Es la congregación quien debe ponerle la agenda al predicador y no viceversa. De no ser así, el sermón se convierte en metal que resuena o címbalo que retiñe.

2.23 El sermón, como un mensaje verbal, pasa por el proceso normal de todo acto comunicativo. Es en parte el resultado de una serie de reacciones neurológicas, fisiológicas, mentales y afectivas, muchas veces inconscientes en el interior del *predicador*, que surgen como resultado del hecho provocativo de Cristo y de la perspectiva de un culto público. Esas reacciones son evaluadas tan pronto el predicador se hace consciente de ellas. De esa evaluación nacen ideas, o concepciones, que el predicador organiza en tal forma que se convierten en un sermón. Una vez que tiene su sermón preparado, va y lo presenta verbalmente.

Al presentar el sermón, sin embargo, el predicador pasa otra vez por el mismo proceso, aunque en una forma más planificada. Al subir al púlpito, tiene reacciones emocionales, neurológicas, físicas y mentales que tiene que evaluar. Esa evaluación, seguida por la concepción de ideas y la exposición de esas ideas, es ayudada por el bosquejo. El predicador, no obstante, entra en ese momento en un proceso dinámico de interacción con ese mensaje en esqueleto.

2.24 Esa interacción entre predicador y mensaje es intensificada por la *congregación* y sus respuestas. Es aquí donde entra a colación lo que en el campo de la comunicación se conoce como "retroalimentación": el proceso retroactivo por medio del cual el receptor de un mensaje brinda información al emisor. De acuerdo con la retroalimentación que recibe de los miembros de la congregación, el predicador va modificando y reorganizando las ondas sonoras y ópticas que componen su sermón. Si el predicador no pone atención a estos efectos reflejos de su congregación (expresiones faciales, movimientos corporales, etc.), corre el peligro de que su sermón sea oído pero no escuchado, o escuchado pero no entendido.

2.25 La predicación necesita entenderse, estudiarse y practicarse a la luz de esa interacción dinámica entre predicador, sermón y congregación. Ello es importante por dos razones: Primero, porque

la predicación se da en un contexto que involucra tanto al predicador
y su sermón como a la congregación. Segundo, porque el objetivo
de la predicación es que estos tres elementos se encuentren y armo-
nicen.

2.3 Predicación y ocasión

2.31 Al hablar, sin embargo, del contexto de la predicación, se
acentúa otro elemento importante, a saber: *la ocasión* o la situación
en que se da el acto de la predicación.   La predicación no se da en el
aire, sino en una situación histórica concreta, única y diferente a cualquier otra. Esa situación forma el contexto para la interacción dinámica
que caracteriza todo acto comunicativo: comunicador-mensaje-receptor.
En el caso de la predicación, el contexto histórico concreto sirve de
escenario para ese encuentro entre predicador, mensaje y congregación
que acabo de describir arriba. En ese encuentro se dan una serie de
variables[1] que pueden ser determinantes, positiva o negativamente, en el
efecto del sermón sobre la congregación.

2.32 De ahí que la predicación no sea una cuestión de mera
preparación sermonaria. Cuando hacemos la ecuación predicación-
sermón simplificamos un proceso sumamente complejo y limitamos la
eficacia de nuestra tarea como predicadores. El predicador que sólo
se ocupa por la preparación de su sermón es semejante al soldado que
sólo se preocupa por cargar su rifle y disparar sin pensar si está dando
en el blanco o no. La predicación tiene, pues, que ir más allá de la
construcción sermonaria. El predicador necesita saber no sólo cómo
preparar sermones, sino también cómo presentarlos. Exige sobre todo
una aguda sensibilidad a las reacciones de la congregación, a la
comunicación no verbal y a la dinámica del momento.

2.4 Perspectiva comunicativa de la homilética

2.41 Es de la complejidad de la predicación como proceso comunicativo que se desprende el diseño básico de esta obra. En las siguientes
páginas, será mi propósito hacer un análisis del proceso de la predicación partiendo de los cuatro componentes básicos: el sermón, el
predicador, la congregación y la situación. Por este medio espero poder
darle una perspectiva más científica a la homilética, la cual, aunque
ha sido definida tradicionalmente como la ciencia de la predicación,
en la práctica no ha sido nada más que la técnica de construir o

preparar sermones.[2] Este trabajo considerará la predicación desde
el punto de vista científico: es decir, como un proceso comunicativo, y por lo tanto, a la luz de los cuatro elementos fundamentales
de la comunicación: comunicador, mensaje, receptor y ocasión.[3]

2.42 Aquí me parece necesario hacer una aclaración importante.
El hecho de que en este libro me proponga considerar a la homilética
como un proceso comunicativo no quiere decir que haya descartado
la dimensión teológica de la predicación. Por el contrario, considero
que el proceso de la predicación es un acto en el cual Dios participa
decisivamente como sujeto y tema central. Por ello, el primer
capítulo de este trabajo expone el sentido teológico de la predicación.
Porque como he dicho en otra parte: La "predicación no es mera
retórica, ni un mero hecho sicológico. La predicación es parte del
diálogo de Dios con el hombre el cual se da en la experiencia de la
adoración, y como tal, no puede existir sin el testimonio del Espíritu
Santo".[4]

2.43 La predicación es, pues, un acto complejo no sólo porque es
un proceso comunicativo complejo, sino porque es un acto divino y
litúrgico. La tarea que queda por delante no tiene nada de fácil, pero
sí promete ser interesante. Con este espíritu consideremos los varios
componentes de este hecho. Comenzaremos con el sermón.

2.5 Ejercicios mentales y homiléticos

2.51   Explique en sus propias palabras cómo el autor define la
comunicación (cp. 2.11, 2.12.)

2.52   Explique lo que quiere decir el autor por la predicación
como proceso comunicativo (cp. 2.13.)

2.53   Explique la relación entre predicación y sermón (cp. 2.13,
2.32). ¿Cómo define el autor un sermón? (cp. 2.21.)

2.54   Describa en sus propias palabras el proceso por el cual pasa
el predicador en la preparación y entrega del sermón (cp.2.22.)

2.55   ¿Qué papel desempeña la congregación en la entrega sermonaria? (cp. 2.23, 2.24.)

2.56   ¿Qué se entiende por "ocasión"?   ¿Cuál es su importancia
para la predicación? (cp. 2.31, 2.32.)

2.57 ¿A qué se refiere el autor al hablar de una perspectiva comunicativa de la homilética?

2.58 Haga un análisis descriptivo de una situación viva de predicación. Dicho análisis deberá abarcar una descripción de la interacción entre predicador-congregación, predicador-sermón, congregación-sermón, predicador-ocasión, congregación-ocasión y sermón-ocasión. Incluya al principio uno o dos párrafos explicativos sobre la predicación que se ha de analizar. Trate de ser lo más analítico posible tanto en la observación como en la descripción del acontecimiento.

Notas

[1] Se entiende por variable "cualquier fenómeno que puede asumir más de un valor". Cp. Gerald Miller, *Speech Communication: A Behavioral Approach* (N.Y.: Bobbs-Merrill, 1966). p. 33, 34. Casi todos los fenómenos pueden ser considerados como variables porque la situación de interés puede ser construida en tal forma que el fenómeno adquiera más de un valor singular. Por ejemplo, el término "agua" puede ser usado en diferentes contextos y adquirir diferentes valores. Puede ser lo que calma la sed, o puede ser el elemento que echa a perder el traje de una persona bien vestida víctima de un fuerte aguacero. En ambas situaciones el agua crea efectos diferentes. Es un fenómeno que adquiere dos valores diferentes porque su función *varía* de acuerdo con cada contexto en que se usa.

[2] Por ejemplo: Andrés W. Blackwood, *The Preparation of Sermons* (Nashville: Abingdon, 1958), p. 18. "La homilética es la ciencia de la cual la predicación es el acto y el sermón el producto final". Lloyd M. Perry, *A Manual for Biblical Preaching* (Grand Rapids: Baker, 1965), p.3, define la homilética sencillamente como "la ciencia de la construcción de sermones".

[3] Cp. LeRoy Kennel, "Communication Constructs in Contemporary American Protestant Preaching, 1940-1965" (Tesis doctoral presentada ante el Departament of Speech, Michigan State University, 1966), pp. 35-37.

[4] Orlando Costas, "Communication Through Preaching in Worship". (Monografía presentada en Garrett Theological Seminary, 1968), p.29.

SEGUNDA PARTE

La predicación y el sermón

CAPITULO 3

LA INVENCION DEL SERMON

3.1 El canon retórico de la invención

3.11 El sermón es uno de los elementos retóricos de la predicación. *La retórica es la ciencia del bien decir para comunicar.* De ahí que todo sermón tenga que estar dentro de las fronteras de la retórica. Por esta razón, se ha considerado tradicionalmente la construcción del sermón desde el punto de vista de la retórica.

3.12 La predicación, como ciencia, tuvo su origen en los conocimientos retóricos de San Agustín. En él vemos el primer intento serio de aplicar los principios de la retórica a la predicación cristiana. Desde San Agustín, se ha venido considerando la ciencia de la predicación como "la aplicación de los principios retóricos al discurso formal cristiano". Esta fue la definición que Lloyd Perry le dio a la ciencia de la predicación después de estudiar 68 textos de predicación que se escribieron en los EE.UU. durante los años 1834-1954. En la preparación de su tesis doctoral, Perry descubrió una relación extraordinaria entre la homilética y la retórica.[1]

3.13 Tradicionalmente la retórica se ha caracterizado por cinco leyes canónicas, a saber: la invención, la disposición o el arreglo, la elocución o el estilo, la memoria y la presentación.

> La *invención* trata con el descubrimiento de ideas para un discurso.

El *arreglo* trata con la organización del material descubierto en orden lógico y progresivo.

El *estilo* es la manera de expresar o escribir las ideas descubiertas y arregladas.

La *memoria* trata con la retención de ideas o pensamientos en tal forma que puedan ser reproducidas.

La *presentación* trata con la transmisión de las ideas descubiertas, arregladas, fraseadas y memorizadas.[2]

3.14   *La invención del sermón trata, pues, con el descubrimiento y análisis de ideas y pensamientos para ser desarrollados, fraseados y presentados en forma lógica y persuasiva.*   Este es quizás el aspecto más difícil de la construcción del sermón y uno de los más importantes en la preparación homilética.   Es en el proceso de invención donde el predicador se satura de lo que va a decir.   Una etapa de invención débil, resultará en un sermón flojo.   El proceso de invención abarca por lo menos los siguientes pasos:

La determinación del propósito.
La selección de una base bíblica.
El análisis del contexto.
El análisis del texto.
La determinación del asunto.
El análisis del asunto.
La determinación del tema.

3.2   La determinación del propósito

3.21   En la invención del sermón no hay un asunto tan importante como la determinación del propósito del sermón.   Crane tiene razón al decirnos que "Después de la idoneidad personal del predicador no hay factor de mayor importancia en la preparación de un sermón... que la determinación del propósito..."[3] La determinación del propósito es importante por varias razones:

Primero, porque todo mensaje requiere un *para qué.*   Si no se sabe la finalidad de ese mensaje, el mismo está destinado a fracasar desde un principio, porque el emisor estará enviando un mensaje a "lo loco", por así decirlo, sin rumbo.   Puede que el mensaje alcance un buen propósito, por accidente, pero lo más probable es que se perderá en el espacio y el emisor habrá perdido su tiempo.

Segundo, porque, como nos dice Crane, "el sermón es un medio y no un fin". El sermón es una herramienta: es para ser usado con un fin específico. "Siendo solamente una herramienta comprendemos que su importancia descansa solamente en su adaptación para su fin".[4]

Tercero, porque el propósito es el punto de partida para la elaboración del sermón. Antes de decir algo, hay que saber para qué se va a decir. El propósito es una guía indispensable en la elaboración del sermón porque "gobierna la elección del texto; influye en la formulación del tema; indica cuáles materiales de elaboración son idóneos y cuáles no lo son; aconseja el mejor orden para las divisiones del plan; y determina la forma en que el mensaje debe ser concluido".[5]

3.22 En la determinación del propósito específico del sermón, el predicador deberá tener presentes dos propósitos generales ya existentes.

3.22.1 Primeramente, deberá tener presente *el propósito comunicativo*. Entendemos por comunicativo el propósito general de toda comunicación: influir directa o indirectamente en el comportamiento de otros. Este propósito tiene dos dimensiones que son vitales para la determinación de un propósito sermonario eficaz.

La primera, y la más importante, es el individuo o los individuos *a quienes* va dirigido el mensaje. Es necesario distinguir las dos clases de receptores u oyentes: receptores "intencionales" y receptores "no intencionales".[6] No siempre el receptor intencional recibe el mensaje. Algunas veces el mensaje no sólo llega a éste, sino también a otros para quienes no iba dirigido. Esto, por ejemplo, se da cuando un pastor redarguye a su congregación en un culto público donde hay personas inconversas, o donde se puede oír fuera del templo lo que se está diciendo.

Esta distinción es necesaria por dos razones. Por una parte, el predicador puede afectar a individuos en una manera que no era su intención. Por otra, el predicador puede ser criticado porque lo que ha dicho ha llegado al conocimiento de personas para quienes no iba dirigido el mensaje.

La segunda dimensión que hay que tener presente en la determinación del propósito comunicativo es *la clase de efecto* que se espera producir.

Para descubrir la clase de efecto que se espera producir, es necesario determinar si se persigue un propósito *consumado o instrumental*. Un propósito *consumado* es aquel que se alcanza totalmente en el momento de su consumo o recibimiento. Un propósito *instrumental* es aquel que no busca una respuesta final, sino una respuesta que sirva como instrumento para una respuesta de mayor alcance.[7]

Para determinar la clase de efecto que se espera producir es necesario también especificar *la clase de cambios* (respuestas o efectos) que se pueden esperar. Hay respuestas que no se pueden evaluar en forma inmediata porque se dan como resultado de un esfuerzo educativo o informativo. En este caso se procura transmitir *información* que el oyente pueda asimilar y retener de tal manera que adquiera nuevas formas de comportamiento en situaciones dadas.

Por otro lado, hay respuestas que pueden ser evaluadas más directamente observando el comportamiento de los oyentes. Estas respuestas tienen que ver bien con la adquisición y la promoción o bien con el cambio de *actitudes*. En este último caso, se procura afectar una o más actitudes en el oyente por medio del mensaje, y se mide la eficacia de ese mensaje por las transformaciones que el oyente manifiesta en su comportamiento.

En resumen, desde el punto de vista de la comunicación, hay por lo menos cuatro formas de influir sobre el comportamiento de otros.

> Por medio de la transmisión de información.
> Por medio del reforzamiento de actitudes positivas existentes.
> Por medio de la promoción de nuevas actitudes.
> Por medio de la alteración de actitudes existentes por
> nuevas actitudes.[8]

Cabe decir, sin embargo, que estas formas son mutuamente exclusivas. Es decir, en cada una está involucrada la transmisión de cierta información, y en cada una puede darse el reforzamiento, la promoción o el cambio de alguna actitud. Sin embargo, la intención definitiva hace que el efecto sea mayor en el área especificada.

3.22.2 En segundo lugar, para determinar el propósito clave de su sermón, el predicador deberá tener en cuenta *los propósitos generales de la predicación*. Estos son los que se desprenden del sentido bíblico-teológico de la predicación. Hay que admitir que hay muchas maneras de distinguir o clasificar los propósitos generales de la predicación. El N.T., por ejemplo, habla específicamente de dos

propósitos, aunque en algunos casos suele hablar de un tercero:
kerygma (proclamación), *didajé* (enseñanza) y *homilía*
(exhortación).   Crane habla de cinco propósitos: evangelizador,
doctrinal, devocional, consagración y ético-moral.[9]

Para nuestro efecto, clasificaremos tres propósitos de la predicación,
sencillamente porque creemos que desde el punto de vista bíblico,
existencial y estructural (organizador) es mucho más lógico hablar
de los propósitos de la predicación en divisiones amplias y no
detalladas como suele hacer Crane. Son estos: kerygmático,
didáctico y pastoral.

El propósito *kerygmático* tiene que ver con la
presentación clara y sencilla del evangelio y con
su aplicación a la necesidad de redención del hombre.

El propósito *didáctico* tiene que ver con la
enseñanza directa de todo el consejo de Dios y su
aplicación a las necesidades humanas. Abarca el
desarrollo histórico del propósito salvífico de Dios:
el llamamiento y fracaso de Israel, la redención,
la iglesia, el reino, etc.

El propósito *pastoral* tiene que ver con el análisis
teológico-pastoral de las crisis de la vida y la
solución que Dios ofrece en su Palabra a esas crisis. Abarca no sólo aquellas crisis de carácter
sicológico, sino también crisis de carácter social
(o de relaciones humanas) y espiritual (o teológico).
En la predicación pastoral, el sermón no sólo tiene
un enfoque inspirador o de consuelo y confortación, sino también de desafío.

3.23   Estos tres propósitos necesitan ser combinados, si no directamente, por lo menos indirectamente. El predicador, aunque será
guiado mayormente por los propósitos generales de la predicación,
deberá mantener en mente el propósito comunicativo. Es así que,
al procurar presentar un sermón kerygmático, por ejemplo, deberá
tener como fin ser un instrumento para un cambio genuino en la
manera de actuar de sus oyentes (que es lo que implica el arrepentimiento), pero teniendo presente que ese anuncio requiere también
la transmisión de cierta información, y que en algunos casos la

información dada (acentuada, por supuesto, por la presencia del Espíritu Santo) será un instrumento para lo anterior. Lo mismo acontecerá con respecto a los otros propósitos de la predicación.

3.24 Teniendo en mente lo explicado, el predicador debe procurar formular en una oración gramatical completa el propósito específico de su sermón. El mismo definirá los receptores intencionales y la clase de efecto que desea que tenga el sermón en la vida de éstos partiendo de los tres grandes propósitos de la predicación cristiana. El propósito específico, sin embargo, no formará parte explicita del bosquejo sermonario. El predicador lo anotará en su "hoja de tarea" en sus apuntes mentales pero no en su bosquejo. La idea es que sirva de guía en cada paso estructural de tal manera que permee el esqueleto, la carne y la sangre del sermón. A continuación un ejemplo de un propósito específico precedido por una explicación de quiénes son los receptores intencionales o propuestos y la manera como se espera que el sermón los afecte.

> *Receptores:* Personas inconversas, que quizá escuchan el evangelio por primera vez. Cristianos, algunos fervientes en la fe, otros con problemas de fe.
>
> *Efecto que se espera producir:* Crear conciencia en cuanto al poder salvífico de Cristo: traerlos a un encuentro personal con la fe en Cristo (didáctico/kerygmático).
>
> *Propósito específico:* Informar, a la luz del testimonio bíblico, sobre el poder salvador de Cristo con el fin de crear un encuentro dinámico entre Cristo y la congregación (miembros inconversos y conversos).

3.3. La selección de una base bíblica

3.31 Una vez determinado el propósito del sermón, el predicador procede a seleccionar una buena base bíblica. Entiendo, por "base bíblica" la porción o la idea bíblica sobre la cual ha de estar basado el sermón. Prefiero hablar de porción o idea bíblica en vez de texto bíblico porque *la predicación no necesita estar basada sobre un texto bíblico para ser bíblica.* Es decir, no necesita estar basada sobre un texto particular, si por texto se entiende "aquel pasaje de las Escrituras, sea breve o extenso, del cual el predicador deriva el tema de su sermón".[10]

Todo sermón debe ser bíblico en el sentido de que debe hallarse fundamentado en el mensaje de la Biblia, en la verdad que ésta revela, pero no necesita estar basado en un pasaje específico. Hay que tener presente que hay ideas bíblicas que necesitan ser expuestas a la luz de la totalidad de la Escritura, y que a veces es mejor exponer-las en forma de tema y con una profundidad bíblica, que limitarlas a un solo pasaje que les quite substancia. Por otro lado, a veces una frase bíblica puede ser una ilustración perfecta de una idea bíblica y, por tanto, puede constituirse en la base para un buen sermón *bíblico*, aunque carezca de las características generales de un pasaje bíblico. El predicador deberá, no obstante, tener presentes dos principios en torno a su base bíblica. Primero, debe concentrarse en porciones bíblicas antes que en temas o frases bíblicas. Segundo, debe exponer la porción o idea bíblica; es decir, explicar con claridad, profundidad y seriedad exegética el mensaje bíblico.

3.32 La importancia de seleccionar una buena base bíblica se hace evidente por la naturaleza de la predicación. La Biblia es la fuente de la predicación cristiana. Además, una base bíblica le da autoridad al sermón, evita que el predicador se agote y le ayuda tanto a él como a la congregación a crecer en gracia.

3.33 La selección de una base bíblica exige que el predicador siga los siguientes principios.

1. Debe estar dentro de los límites del predicador. Como bien dice Perry: "El trasfondo educativo del predicador, su desarrollo cultural, su experiencia espiritual y sus contactos sociales puede que sean insuficientes en esta etapa de su experiencia para la predicación de un mensaje sobre un pasaje particular".[11]

2. Debe contribuir a la satisfacción de las necesidades de la congregación.

3. Debe ser guiado por la voluntad del Señor. La voluntad del Señor se hace evidente (I) en la Escritura; (2) por medio del testimonio interno del Espíritu Santo; y (3) por las circunstancias (obra providencial de Dios).

4. Debe ser una porción o idea que se apodere del corazón del predicador.

5. Debe responder a una dieta balanceada. Es decir, el predicador debe

seleccionar pasajes biográficos, doctrinales, devocionales, históricos, etc., que le den a su congregación una perspectiva amplia del mensaje bíblico y de la fe cristiana.

6. Debe ser una base que haga hincapié sobre los aspectos positivos de la fe cristiana.

7. Debe ser una base que apele a la imaginación ("algo que ver, sentir o hacer")

3.4 La determinación del asunto

3.41 *El asunto es aquello sobre lo cual trata el pasaje.* Representa el área amplia y general de la cual se puede escoger un número de temas específicos. Establece la naturaleza del contenido del sermón. Por su amplitud y generalidad, los asuntos tienden a ser limitados en número y normalmente son expresados en una palabra.

Lloyd Perry y Farris Whitesell en su libro, *Variedad en la predicación*, presentan un total de 50 asuntos bíblicos.[12]

Acción de gracias	Infierno
Adoración	Juicio
Aflicción	Justificación
Alabanza	La cruz
Amor	La iglesia
Angeles	La mayordomía
Bautismo	Ley
Cielo	Misiones
Compromiso	Muerte
Comunión	Obediencia
Conciencia	Oración
Cristo	Paciencia
Discipulado	Paz
Divorcio	Perdón
El dominio propio	Preocupaciones
El Espíritu Santo	Redención
El pecado	Resurrección
Esperanza	Sacrificio
Expiación	Santidad
Fe	Segunda venida
Gracia	Temor

Hermandad	Testificar (Testimonio)
Honor	Trabajo
Humildad	Unidad
Idolatría	Valentía

3.42 La determinación del asunto depende de varios factores. En primer lugar, depende del propósito del sermón. Si el sermón a predicarse tiene un fin evangelizador, es obvio que el asunto tendrá que ser uno de carácter evangelizador, tal como la conversión, el pecado, la salvación, etc.

La determinación del asunto depende también de la base bíblica del sermón. Si la base bíblica es una porción de varios versos, el asunto del sermón será aquel aspecto general que el pasaje parece enfatizar. Si el pasaje tiene un carácter biográfico, muy probablemente el asunto será el personaje cuya vida o experiencia se narra. De igual modo, si el pasaje es doctrinal, el asunto será la doctrina principal que el mismo expone; si es ético, el asunto será el concepto moral que se explica; si es narrativo, el incidente que narra. Surge a veces la situación, sin embargo, en que un solo pasaje tiene un énfasis doble, triple, cuádruple o quíntuple. En este caso, *el predicador tendrá que optar por aquel asunto al cual el pasaje le da más énfasis o aquel asunto que concuerda más con su propósito sermonario.*

Si por el otro lado la base bíblica es una frase corta o un solo versículo, ésta o bien puede constituirse en el asunto, o el asunto será también determinado por el propósito del sermón. Lo mismo pasa cuando la base bíblica es varios textos, un libro bíblico o el panorama total de la Escritura.

3.5 La determinación del tema

3.51 *El tema es el aspecto particular del asunto que ha de ser desarrollado en el transcurso del mensaje.* Un pasaje bíblico *normalmente* tiene un solo asunto pero muchos temas. Un sermón, sin embargo, no sólo tiene un solo asunto, sino también un solo tema.

3.52 El tema del sermón debe ser una frase breve, clara, y que comprenda la substancia del sermón. Como ejemplo, tomemos el asunto de la oración. De la oración podemos derivar por lo menos diez temas.

El alcance de la oración
El poder de la oración
El privilegio de la oración
El propósito de la oración
El valor de la oración
La adoración por medio de la oración
La necesidad de la oración
Los métodos de la oración
Los problemas de la oración
Los resultados de la oración

3.53 La determinación del tema del sermón se puede hacer a través de varios canales.

1. A través del análisis del asunto. Dicho análisis se puede hacer no sólo cuando la base bíblica es una porción extensa, sino también cuando es una idea, frase o texto. El predicador podrá usar los mismos principios que se mencionan en el "análisis del asunto" (vea la siguiente sección de este capítulo).

2. A través de lo que Carlos Koller llama "el enfoque múltiple". Este enfoque consiste en un análisis del pasaje, la idea, la frase, o el texto bíblico desde varios ángulos. Por ejemplo, tomemos el pasaje de Felipe y el eunuco de Etiopía (Hch. 8:26-40).[13]

Desde el punto de vista de Felipe: CONDICIONES BASICAS PARA DAR UN TESTIMONIO EFICAZ.

I.   Debe haber sensibilidad a la dirección del Espíritu (vv. 26, 27, 29, 30).

II. Debe procederse con tacto (v. 30).

III. Debe hacerse uso de las Escrituras (vv. 32-35).

IV. Debe presentarse a Jesús (v. 35).

V.   Debe haber un proceso de continuación (vv. 37, 38).

Desde el punto de vista del etíope: PASOS PARA LA SALVACION.

I.   Estar abierto a la verdad (vv. 28, 31).

II. Entender (v. 30).

III. Creer (v. 37).

IV. Obedecer (v. 38).

3.6 El análisis bíblico

3.61 La predicación cristiana está basada en la enseñanza general o bien en la enseñanza particular de la Biblia. Cuando el sermón va a basarse en un párrafo o más de la Biblia, es necesario que el predicador haga un estudio del pasaje *antes* de comenzar a construir su sermón. Ese estudio bíblico debe ser analítico. Al hablar de un estudio analítico de un pasaje bíblico, nos referimos al estudio de las diferentes partes del pasaje. Para los efectos homiléticos, el pasaje consta de tres partes: el contexto, el pasaje en sí y el asunto.

3.62 *El análisis del contexto.* El contexto de un pasaje es todo aquello que está relacionado con el mismo. Sin embargo, en esta sección el contexto se limita solamente a datos *históricos, culturales y geográficos* con los cuales el predicador debe estar familiarizado si desea predicar inteligentemente. Por "el análisis del contexto" queremos decir, entonces, la colección del material pertinente a siete datos relacionados con el pasaje.[14]

1. EL ORADOR O AUTOR DEL PASAJE

(1) ¿Quién habló las palabras del texto? ¿Fue Dios, un profeta, un apóstol, un santo o el diablo? Bernard Ramm claramente nos advierte: "Tenemos que hacer una distinción entre lo que la Biblia hace notorio en sus registros y lo que aprueba... La Biblia no aprueba, moralmente, todo lo que en ella está registrado al igual que un editor no aprueba todo lo que se imprime en su periódico".[15]

(2) ¿Qué clase de persona es el autor o el orador del pasaje? ¿Cuál es su carácter, su edad y su condición?

(3) ¿Cuál es el trasfondo histórico del orador o autor; sus antecesores; su preparación; su experiencia?

(4) ¿Qué relación hay entre él y aquellos a los cuáles se dirije?

2. LOS RECIPIENTES DEL MENSAJE

(1) ¿Quiénes son? (identificación y posición).

(2) ¿Qué clase de personas son espiritualmente: creyentes, inconversos, creyentes separados?

(3) Todo aquello de interés respecto a su situación social, económica o política.

3. EL TIEMPO O LA EPOCA.

(1) ¿Cuándo? (fecha exacta o aproximada: definitiva o tentativa).

(2) ¿Qué significado tiene la fecha en relación con otros acontecimientos? Por ejemplo, es interesante notar como durante el exilio babilónico, mientras Ezequiel estaba confortando y consolando a los cautivos "junto al río Quebar", Jeremías ministraba a los desconsolados sobrevivientes de la ruina de Jerusalén.[16]

4. EL LUGAR

(1) ¿Dónde?

(2) ¿Hay algo significativo acerca del lugar?

> Es significativo que Moisés mandó parar al
> pueblo en Bet-peor, casa de apertura (se
> le dio tal nombre por su localización frente
> a una apertura entre dos montes), y allí les
> abrió su corazón en esas apelaciones de
> despedida narradas en Deuteronomio. Allí
> ante lo que era literalmente la puerta de
> entrada a la tierra prometida, dirigió a su
> pueblo en una serie de cultos de aviva-
> miento para prepararles espiritualmente para
> la adquisición, mantenimiento y éxito en la
> tierra prometida.[17]

5. LA OCASION. ¿Cuáles fueron las circunstancias que motivaron el mensaje?

6. EL OBJETIVO. ¿Con qué fin se incluyó el pasaje o el incidente en este libro bíblico?

7. **EL ASUNTO.** Es de carácter general; aquello que narra o expone
el pasaje. Si el pasaje es biográfico, el asunto será la persona de
quien habla el pasaje. Si es doctrinal, el asunto será la doctrina
que el mismo expone. Si el pasaje es ético, el asunto será el concepto moral que explica.

3.63 *El análisis del pasaje* es la división del mismo en partes, para
notar el desarrollo de su estructura y pensamiento. Esto constituye
el esqueleto del pasaje, de ahí que se prepare en forma de bosquejo
y se use como una "hoja de tarea".

Antes de iniciar el análisis del pasaje deben tenerse presentes
ciertas consideraciones básicas. El *contexto estructural* debe ser
examinado para confirmar los límites propuestos del pasaje y para
ayudar en la comprensión del desarrollo del pensamiento del mismo.
*El contexto estructural es el pasaje que viene antes o que sigue después
del pasaje que se está estudiando.* Por ejemplo, si el pasaje que se está
analizando es Juan 3:1-15, el contexto es Juan 2 y Juan 3:16 en adelante. Además, debe dársele atención no sólo al contexto inmediato,
sino también a las *conexiones más amplias,* tales como la sección
o el libro bíblico del cual se deriva el pasaje.

1. **PASOS A SEGUIR EN EL ANALISIS DEL PASAJE**[18]

    (1) Léase el pasaje la primera vez para descubrir el asunto y la historia
    si se trata de un pasaje narrativo, o el asunto y los aspectos
    principales si es un pasaje didáctico.

    (2) Divide el pasaje en párrafos. Luego, lea cada párrafo, extrayendo
    de cada uno la idea central o la oración principal. Este paso le
    dará los puntos principales del análisis.

    (3) Lea cada párrafo todas las veces que sea necesario, para descubrir
    las ideas secundarias que respaldan, explican o desarrollan la idea
    principal. Este paso le dará los puntos secundarios. NOTA: Debe
    tenerse cuidado para descubrir las siguientes ayudas.

    Cambio de personas en la conversación o involucradas en
    cualquier otra forma.

    Cualesquiera etapas sucesivas en torno al tiempo, lugar de
    acción e incidentes (Lucas 15:11-32).

Cualquier pronunciación acumulativa de ideas, principios o enseñanzas (1 Co. 13).

Todo paralelismo o agrupación de ideas basado en semejanzas (Sal. 19).

Cualquier contraste, oposición o intercambio de ideas (1 Jn. 4:1-5).

Cualquier indicación de causa y efecto (Mat. 25:34-43).

Cualquier repetición de algunas cláusulas, frases o palabras (como por ejemplo, "por fe" en Hebreos 11).

Cualquier frase tradicional o cualquier palabra conectiva, como por ejemplo: "por tanto, así que, de modo que, pues o ahora pues, finalmente, pero, y, o".

2. SUGERENCIAS PARA LA FORMULACION DEL ANALISIS DEL PASAJE.

(1) Limite el análisis al contenido actual del pasaje.

(2) Retenga la secuencia del material tal y como aparece en el pasaje.

(3) Indique con los puntos principales los versículos incluidos en los puntos secundarios.

(4) Indique con cada punto secundario el verso o los versos que se cubren.

(5) Sea conciso y breve.

3.64 *El análisis del asunto.* Como se ha dicho, el asunto depende de la clase de pasaje que se esté estudiando. El pasaje puede tener un carácter biográfico, narrativo (un incidente tal como una conversación, una batalla o un milagro), doctrinal o ético. Puede ser, sin embargo, que un solo pasaje tenga un carácter doctrinal y ético, o doctrinal y biográfico, *en cuyo caso el estudiante deberá optar por el que tenga más fuerza.* Por ejemplo, Filipenses 2:1-11 tiene un doble carácter: doctrinal y ético. Por un lado es una clara exposición de la doctrina de la encarnación; por el otro, es una clara exposición del concepto de la humildad. En un caso como éste es obvio que el estudiante deberá optar por uno de estos dos énfasis, subordinando el énfasis que se rechaza al que se acepta. Si el estudiante opta por el concepto de humildad, el énfasis doctrinal viene a ser una ilustración del mismo. El énfasis rechazado puede ser usado más tarde en la preparación de otro sermón.

Una vez determinado el carácter del pasaje y el asunto, se debe proceder a contestar las siguientes preguntas.

1. SI EL ASUNTO ES DE CARACTER BIOGRAFICO O NARRATIVO, MUCHOS DE LOS DATOS PERTINENTES AL PERSONAJE CENTRAL, INCIDENTE O MILAGRO SE HAN OBTENIDO YA EN EL ANALISIS DEL CONTEXTO. HAY, SIN EMBARGO, CIERTAS PREGUNTAS ADICIONALES SOBRE EL ASUNTO QUE DEBEN DE SER EXPLORADAS

   (1) ¿Cuáles son las conclusiones del pasaje? ¿Termina en fracaso o en victoria? ¿Con alguna experiencia decisiva de carácter negativo o positivo?

   (2) ¿Qué promesas indirectas o directas podemos encontrar?

   (3) ¿Qué errores de la vida somos exhortados a evitar?

   (4) ¿Qué papel desempeña la fe en la vida y experiencia de este individuo (si es biográfico) o en las personas envueltas en el incidente (si es narrativo)?

   (5) ¿Cómo se relaciona Dios Padre, Cristo o el Espíritu Santo con el asunto?

2. SI EL ASUNTO ES DE CARACTER DOCTRINAL

   (1) ¿Cuál es el significado de las palabras del asunto?

   (2) ¿Cuál es la importancia de esta doctrina en el contexto de la revelación bíblica?

   (3) ¿Qué resultados podrá tener la aplicación de esta doctrina en la experiencia del individuo?

   (4) ¿Qué relación hay entre la fe y esta doctrina?

   (5) ¿Qué es la enseñanza general del pasaje sobre esta doctrina?

3. SI EL ASUNTO ES DE CARACTER ETICO.

   (1) ¿Qué quieren decir las palabras del asunto?

   (2) Cuando este principio ético se pone en práctica, ¿qué relaciones

establece entre la persona y Dios, y entre el primero y su prójimo?

(3) ¿Cómo se puede realizar este principio ético en la experiencia de la persona?

(4) ¿Qué relación tiene este principio con otros principios éticos?

3.65 Ejemplo de un análisis bíblico basado en Deuteronomio 6 [19]

1. ANALISIS DEL CONTEXTO

(1) Orador: Moisés (5:1).

"Profeta" (34:10).

—"enseñado...poderoso en sus palabras y obras" (He 7:22).

—Edad: 120: conservado milagrosamente (34:7).

—"corto de palabras" (Ex. 4:10)..

—Cuarenta años líder de Israel (Ex. 4:29--Dt. 34:6).

(2) Los oyentes

—"Todo Israel" (5:1; 6:3,4).

—Todos los que tenían menos de veinte años cuando el incidente de Cades-barnea (Nm. 14:29).

(3) Epoca

—Final de los 40 años en el desierto; antes de la muerte de Moisés.

(4) Lugar

—"Valle frente a Bet-peor" (3:29; 4:46; 34:6); en los "campos de Moab" (34:1).

—Bet-peor es una ciudad de Moab cerca del monte Peor, al este del Jordán, opuesta a Jericó, 4 ó 5 millas al norte del monte Nebo, en la cumbre del Pisga.

(5) Ocasión: Se acerca la muerte de Moisés y la entrada de Israel a a Canaán (4:22).

(6) Objetivo: Confirmar a Israel en el conocimiento, temor y amor de Dios, y en la obediencia a él.

(7)   Asunto: Instrucciones para asegurar la prosperidad
       de Israel en Canaán.

2. ANALISIS DEL PASAJE

vv. 1-3   La importancia de estas instrucciones
v.   1. Son mandamientos de Dios.
vv. 2. 3   Diseñadas para asegurar a Israel el favor de Dios en la
           tierra prometida.
v. 2   Para que tus días sean prolongados
v. 3a   Para que te vaya bien.
v. 3b   Para que os multipliquéis

vv. 4, 5   Amarlo
v. 4   Como al único soberano Señor.
v. 5   Con todas las fuerzas del cuerpo, alma y espíritu.

vv. 6-9   Proclamarlo
v. 6   Mantener sus palabras sobre tu corazón.
vv. 7-9   Llenarás tu casa con el conocimiento de Dios.

vv. 10-12 Recordarlo
v.10   Cuando Dios te haya introducido en la tierra
vv. 11,12 Cuando comas y te saeies.

vv. 13-25 Servirle
vv. 13-16 Exclusivamente
vv. 17-19 Diligentemente
vv. 20-25 Perpetuamente

3. ANALISIS DEL ASUNTO

(1)   El pasaje no tiene conclusiones directas porque aunque es na-
       rrativo su contenido esencial es una exhortación directa al
       pueblo. Lo que podríamos llamar conclusión se encuentra a
       través de todo el pasaje o sea: la apelación de Moisés al pueblo
       para que ame a Jehová, proclame sus estatutos, le recuerde y
       le sirva. El pueblo, sin embargo, permanece neutral al terminar
       el capítulo porque el discurso de Moisés continúa.

(2)   Promesas: La obediencia a Jehová traerá prosperidad.

(3) Errores que somos exhortados a evitar:

—Desobediencia a los mandamientos de Dios.

—Negligencia en nuestro servicio y devoción a Dios.

—Indiferencia en nuestra relación con Dios (amarlo con todas las fuerzas del cuerpo, alma y espíritu).

—Ignorancia de Dios en nuestras actividades cotidianas; en la prosperidad (cuando hayas entrado en la tierra).

(4) La promesa se cumplirá sólo si Israel cree la Palabra de Dios.

(5) Las instrucciones para Israel no son de Moisés ni de los ancianos de Israel sino de Dios.

3.66 Ejemplo de un análisis bíblico basado en 1 Corintios 15: 12-58

1. ANALISIS DEL CONTEXTO.

(1) Autor: Pablo (1:1); su nombre significa "pequeño de estatura" (compare con Saulo, nombre anterior y prototipo del rey Saúl, un hombre grande: ref.: más pequeño de los apóstoles).

—Perseguidor de la iglesia (Hech. 8:1-3).

—Transformado por Jesucristo en el camino a Damasco (Hech. 9: 1ss).

—Apartado por el Espíritu Santo como apóstol a los gentiles (Hech. 13: 1-4; 15:1-30; Gá. 1:11-16).

—Fundador de la iglesia en Corinto (2:1-5; Hech. 18: 1-11; 2 Co. 1:1-9; 3:1, 3).

(2) Recipientes: "la iglesia de Dios...en Corinto" (1:2).

(3) Epoca ca. 56 ó 57 d.C.

(4) Lugar: Pablo escribe desde Efeso, ciudad en Asia Menor, frente al puerto de Corinto. Corinto era una metrópoli comercial, permeada de un intelectualismo superficial, religiones paganas e inmoralidad.

(5) Ocasión: La iglesia en Corinto pasaba por una serie de problemas de fe y vida entre los cuales estaba el problema de la resurrección de los muertos.

(6) Objetivo: Defender la historicidad de la resurrección de Cristo.

(7) Asunto: La resurrección

2. ANALISIS DEL PASAJE

vv. 12-19   La necesidad de la resurrección.

vv. 12-15   Necesaria para la validez de la predicación cristiana.

vv. 13, 14   Si Cristo no resucitó la predicación evangélica es falsa, cp. vv. 2-4.

v. 15   Si Cristo no resucitó el testimonio de los cristianos es falso, e inmoral.

vv. 16, 17   Necesaria para la validez de la fe cristiana

vv. 18, 19   Necesaria para la validez de la esperanza cristiana.

vv. 20-28   La resurrección en su contexto cronológico

vv. 20-22   La resurrección de Cristo el principio de la resurrección final.

vv. 23-28   La resurrección final corresponde al orden de sucesos establecidos por Dios para la consumación de la historia.

v. 23   Los creyentes serán resucitados en la segunda venida de Cristo.

vv. 23,25   La resurrección de los creyentes será seguida por un período de gobernación, reino y subyugación de todas las potencias.

v. 26   Una vez Cristo haya derrotado todas las potencias, destruirá la muerte (¿y sus muertos? resurrección de pecadores = Ap. 19:20; trono blanco).

vv. 24, 27,28   Una vez la muerte haya sido destruida, el Hijo entregará todas las cosas al Padre y comenzará una nueva era (Ap. 21).

vv. 29-34   La lógica de la resurrección.

v. 29   Si no hay resurrección de muertos, ¿por qué se bautizan algunos entre ustedes (vicariamente) por los que han muerto? Nota: Esto era una práctica pagana que existía en Corinto y Pablo la usa como argumento sin aprobarla. Pablo deja la corrección para cuando vaya personalmente a Corinto (1 Co. 11:34).

vv. 30-32a Si no hay resurrección, ¿por qué los apóstoles, y especialmente yo, corremos tantos riesgos de vida? ¿Por qué nos sacrificamos tanto por la obra?

v. 32b Si no hay resurrección de muertos, comamos y bebamos que mañana moriremos.

vv. 33, 34 Si algunos están negando la resurrección de los muertos se debe a su propia ignorancia de ponerse a creer las teorías de hombres antes que la revelación de Dios. En esto actúan como los que no conocen a Dios y les debía dar vergüenza!

vv. 35-50 La naturaleza de la resurrección.

v. 35 ¿Cómo resucitarán los muertos y con qué clase de cuerpo?

vv. 36-38 Los muertos resucitarán por la potencia vivificadora de Dios, el Creador del cuerpo terrenal.

vv. 39-49 El cuerpo de resurrección será incorruptible, glorificado, sobrenatural, semejante al del Señor Jesucristo.

vv. 40-42 Cuerpo incorruptible.

v. 43 Cuerpo glorificado.

v. 44 Cuerpo sobrenatural (espiritual).

vv. 45-49 Cuerpo a la semejanza del Señor Jesucristo.

v. 50 El cuerpo de resurrección necesario para la entrada a la fase futura del reino de Dios ya que sangre y carne no pueden heredarlo.

vv. 51-58 La confianza del cristiano

v. 51 No todos morirán pero todos serán transformados.

v. 52 La resurrección de los creyentes muertos y la transformación de los creyentes vivos se llevará a cabo en un momento inesperado.

vv. 53, 54 La victoria final del cristiano sobre el pecado y la muerte (la consumación de la redención) se efectuará en ese momento de resurrección y transformación.

vv. 55-57   La victoria final del cristiano sobre la muerte y el pecado será por medio de Jesucristo.

v. 58   En virtud de tal certidumbre y esperanza el cristiano debe estar firme y constante, siempre creciendo en la obra del Señor ya que su labor no es en vano.

3. ANALISIS DEL ASUNTO: "LA RESURRECCION"

(1)   La palabra resurrección significa vivificación de algo muerto; animación de algo inactivo. Involucra la idea de energía y potencia sobre algo deteriorado.

(2)   La importancia de esta doctrina en el cóntexto de la revelación bíblica.
—Está íntimamente vinculada a la resurrección de Cristo.
(Jn. 11:24, 25: 14:19 "porque yo vivo, vosotros también viviréis).
—Está íntimamente vinculada a la segunda venida de Cristo.
—Es la esperanza del cristiano y de la fe cristiana. Si no hay resurrección, somos miserables.
—Es la conclusión lógica de la obra creadora y redentora de Dios. Puesto que él creó con Su propósito y el pecado entró para destruir, pero la redención para construir, no estará consumada hasta tanto el hombre no retorna a su estado de vida; hasta tanto no adquiera una nueva vida y un nuevo futuro.
—Es fuente de consolación y estímulo para el cristiano.

(3)   Resultados que podría tener la aplicación de esta doctrina en la experiencia del oyente.
—Edificación para el cristiano, dándole información adecuada sobre el futuro que Dios tiene preparado para él, confortándolo, animándolo y estimulándolo a continuar adelante en la obra del Señor.
—Estímulo a creer en Cristo para el que no tiene esta esperanza.
—Podrá corregir ciertos errores, tales como las enseñanzas de los espiritistas, adventistas del séptimo día, testigos de Jehová y católicorromanos.

(4)   Relación entre la fe y la resurrección.
—La resurrección es parte de la fe del creyente

Su esperanza no es evidencia palpable sino de fe.

—La certidumbre de la participación en la resurrección viene por una experiencia de fe en Cristo.

(5) Enseñanza general del pasaje sobre la resurrección.

—La resurrección final está basada en la resurrección de Cristo.

—La resurrección final corresponde a los primeros sucesos en el orden cronológico de los actos que Dios tiene planeados para la consumación de la historia.

—La resurrección final se llevará a cabo por la potencia de Dios (vv. 36-38).

—La resurrección final producirá cuerpos incorruptibles, glorificados, sobrenaturales y semejantes al del Señor (vv. 35, 36).

—Aunque no todos serán resucitados porque no todos morirán, sí todos serán transformados (v. 51).

—La resurrección final marcará la consumación de la redención del creyente (vv. 47-52).

—La resurrección final se llevará a cabo en un momento inesperado (v. 52).

—La esperanza de la resurrección debe ser motivo de estímulo e inspiración para el servicio cristiano. (v. 58).

3.7 Ejercicios mentales y homiléticos

3.71 Explique brevemente el origen de la ciencia de la predicación (cp. 3.12).

3.72 Explique el concepto de invención retórica. ¿A qué se refiere cuando se aplica al sermón? (cp. 3.13, 3.14).

3.73 ¿Por qué es importante la determinación del propósito del sermón? (cp. 3.21).

3.74 ¿Qué entiende el autor por propósito comunicativo? ¿Cuáles son las dos dimensiones del propósito comunicativo que, según el autor, son vitales para un propósito sermonario eficaz? ¿Qué son receptores "intencionales" y "no intencionales"? ¿Qué se entiende por propósito consumado y propósito instrumental?

¿Por qué es necesario especificar la *clase de cambios* que se pueden esperar para determinar la *clase de efecto* que se espera *producir* en un sermón dado? ¿Cuáles son las cuatro formas de influir sobre el comportamiento de otros? (cp. 3.22.1).

3.75 Anote y explique la triple clasificación que hace el autor de los propósitos generales de la predicación (cp. 3.22.2).

3.76 Tomando en cuenta las dos dimensiones del propósito comunicativo mencionadas en 3.22.1 (el auditorio y la clase de efecto que se espera producir) construya tres propósitos específicos para cada uno de los tres propósitos generales de la predicación mencionados en 3.22.2. Al construir cada propósito tenga presente la información que se da en 3.23.

3.77 ¿Qué entiende el autor por "base bíblica"? ¿Cómo la diferencia del "texto bíblico" de la literatura homilética tradicional? (cp. 3.31).

3.78 Anote brevemente los principios que subraya el autor para guiar al predicador en la selección de una base bíblica (cp. 3.33).

3.79 ¿Qué es un análisis bíblico? (cp. 3.61).

3.80 Explique brevemente en qué consiste el análisis del contexto, del pasaje y del asunto, anotando los elementos básicos de cada uno (cp. 3.62-3.64).

3.81 ¿Qué es el asunto de un sermón? (cp. 3.41). ¿Qué es el tema? (cp. 3.51). Distinga el tema del asunto.

3.82 ¿De qué factores depende la determinación del asunto? (cp. 3.42).

3.83 ¿Cuáles son las características que debe tener el tema sermonario? (cp. 3.52). ¿Cómo se puede determinar? (cp. 3.53).

3.84 Explique e ilustre con un ejemplo propio basado en un pasaje bíblico "el enfoque múltiple" (cp. 3.53.2).

3.85 De los siguientes pasajes, escoja uno y haga un análisis bíblico siguiendo específica y detalladamente cada paso explicado en 3.62, 3.63 y 3.64 y el *estilo* ilustrado en los ejemplos que aparecen en 3.65 y 3.66.

Antiguo Testamento	Nuevo Testamento	
Ex. 19:1-8	Mr. 1: 14-15	Hch. 13: 16-41
Jos. 24: 1-18	Mr. 4: 1-20	Hch. 15: 13-21
1 S. 12	Mr. 7: 1-23	Hch. 17:22-34
Is. 55	Lc. 3: 1-18	Hch. 20: 17-35
Jer. 18:1-11	Lc. 4:16-30	Hch. 22: 1-21
Ez. 33:1-20	Lc. 6:20-49	Hch. 26: 1-29
Os. 14	Hch. 2:14-40	Stg. 1: 2-11
Am. 5:1-15	Hch. 3:12-26	Stg. 1:12-27
Miq. 6:1-8	Hch. 7: 2-53	Stg. 2: 1-13
Hab. 2	Hch. 8: 26-40	Stg. 2: 14-26
Hag. 1:3-11	Hch. 10:34-43	1 P. 2:11-3:12
Mal. 3:7-18	Hch. 11:4-17	Ap. 1:9-20

3.86 De acuerdo con el análisis bíblico hecho y usando el principio del "enfoque múltiple" (cp. 3:53) determine tres propósitos sermonarios específicos y tres temas que correspondan a los propósitos y al *asunto* determinado y analizado en el análisis bíblico. Siga las explicaciones hechas en las secciones 3.22, 3.23, 3.24 y 3.53.

3.87 Ahora que ha aprendido a hacer un análisis bíblico y que conoce cómo determinar el asunto, el propósito específico y el tema del sermón, escoja tres o cuatro pasajes adicionales, de entre los especificados arriba, y haga un análisis de cada uno. En base del asunto determinado en el análisis de cada pasaje, formule un propósito específico y un tema que correspondan a las necesidades de la congregación en la cual sirve como pastor o líder laico.

Notas

[1] Lloyd M. Perry, "Trends and Emphasis in the Philosophy Materials and Methodology of American Protestant Homiletical Education as Established by a Study of Selected Trade and Textbooks Published Between 1834 and 1954"(Tesis doctoral, School of Speech, Northwestern University, 1962), p. 39.

[2] Lloyd Perry, *A Manual for Biblical Preaching* (Grand Rapids, Baker, 1965), p.8.

[3] James D. Crane, *El sermón eficaz* (El Paso: Casa Bautista de Publicaciones, 1964), p. 57.

[4] *Ibid.*, p. 58.

[5] *Ibid.*

[6] Cp. David K. Berlo, *El proceso de la comunicación* (B. Aires: "El Ateneo", 1968), p. 13.

[7] *Ibid.*, p. 15.

[8] Cp. Gerald R. Miller, *Speech Communication: A Behavioral Approach* (New York: Bobbs-Merrill, 1966), pp. 17, 18.

[9] Crane, *op. cit.*, pp. 62ss.

[10] *Ibid.*, p. 78

[11] Perry, *op. cit.*

[12] Lloyd M. Perry y Ferris Whitesell, *Variety in Preaching* (Westwood, N. Y.: Revell, 1954), pp. 49, 50.

[13] Charles Koller, *Expository Preaching Without Notes* (Grand Rapids: Baker, 1952), p. 59.

[14] Cp. *Ibid.*, pp. 61ss.

[15] Bernard Ramm, *Protestant Biblical Interpretation* (Boston: Wilde, 1956), p. 171.

[16] Koller, *op. cit.*, p. 62.

[17] *Ibid.*, p. 63

[18]Cp. *Ibid.*, p. 67ss.

[19]Adaptado en parte de Koller, *Ibid.*, pp. 66, 70-71.

CAPITULO 4

EL ARREGLO DEL SERMON

4.1 La importancia del arreglo

Una vez que se ha determinado el propósito del sermón, seleccionado y analizado la base bíblica, y determinado el asunto y el tema, se procede al arreglo del sermón. El buen arreglo es determinante para el éxito de un sermón. Como bien dice Pascal,

> ...podemos afirmar, en lo general, que siendo
> iguales otras cosas, el poder del discurso es
> proporcional al orden que reina en él, y que
> un discurso sin orden (y recuérdese que hay
> más de una clase de orden) es comparativa-
> mente débil. Tendrá un discurso todo el
> poder de que es susceptible, sólo cuando las
> partes que tienen un designio común, estén
> íntimamente unidas, ajustadas exactamente,
> cuando mutuamente se ayudan y sostienen,
> como las piedras de un mismo arco...[1]

4.2 Los seis procesos retóricos

4.21 Lo primero que hay que tener presente en el arreglo del sermón es lo que Koller ha llamado los "seis procesos retóricos".[2] Son estos seis procesos cuya combinación es indispensable para la formulación de un sermón. Si sólo hay dos, digamos los primeros dos: narración y análisis, tenemos apenas un análisis bíblico semejante al que acabamos de discutir en el capítulo anterior, donde lo único que se refleja es el contenido del pasaje y la secuencia del material que éste contiene. Por otra parte, si se agrega a la narración y al análisis interpretación e ilustración no tenemos nada más que una exposición o conferencia bíblica. Sólo donde hay exposición (narración, análisis, interpretación e ilustración) más aplicación y persuasión (argumentación y exhortación) podemos hablar de un sermón.

Un sermón es, pues, "un discurso sistemático, adaptado a la mentalidad popular, basado en una verdad bíblica, preparado y presentado con el fin de persuadir a los hombres a creer y a actuar sobre la verdad presentada".[3]

4.22 Con esto en mente consideremos más detalladamente los seis procesos retóricos del sermón.

1. *Narración.* Se da primordialmente en la introducción del sermón. Consta de la narración (o afirmación) de datos bíblicos del trasfondo escritural o de acontecimientos contemporáneos que interrelacionan al predicador, la congregación, el tema, la base bíblica y la proposición.

2. *Interpretación.* Se da mayormente en el cuerpo del sermón. Hay diferentes formas de llevarla a cabo.

> Por medio de paráfrasis, definición, amplificación o descripción (comparación, contraste, asociación).
>
> Por medio de los siete interrogantes, que discutiremos luego.
>
> Por el análisis de la proposición o de las divisiones principales en progresión lógica (causa y efecto, de lo concreto a lo abstracto, de lo general a lo específico, de lo familiar a lo no familiar).

3. *Ilustración.* Las ilustraciones son ventanas que arrojan luz sobre lo que se trata de comunicar. Sirven para aclarar algún punto oscuro o para aplicarlo a la vida cotidiana.

4. *Aplicación.* Es uno de los elementos más característicos

de un sermón. Se puede hacer directa o indirectamente, en el cuerpo o en la conclusión. Una buena ilustración muchas veces es muy eficaz como aplicación.

5. *Argumentación.* No quiere decir polémica. Involucra más bien razonamiento lógico, respuesta a interrogantes que la congregación levanta, anticipación de situaciones y respuestas a objeciones, prueba lógica e introducción de evidencias.

6. *Exhortación.* La conclusión deberá traer el mensaje a un foco ardiente. Asimismo deberá usarse para invitar al oyente a responder al mensaje. Es cierto que todo sermón debe estar permeado de exhortaciones, pero es en la conclusión donde se debe exhortar por excelencia.

4.3 El corazón del sermón: la proposición

4.31 En el arreglo del sermón ningún otro elemento es tan importante como la proposición. La proposición es "el corazón del sermón".[4] Perry y Whitesell afirman que la proposición es el centro integral del sermón. "La proposición promueve la estabilidad de la estructura, la unidad de pensamiento y la fortaleza de impacto".[5] Crane, por su parte, la llama "la oración clave del sermón" y agrega que su formulación "constituye uno de los trabajos más importantes en la preparación del sermón".[6]

4.32 Consideremos la naturaleza de la proposición. *La proposición es el tema expresado en una oración gramatical completa, clara y concisa, que resume el contenido del mensaje y anuncia el curso a seguir o el propósito que se quiere alcanzar.* La proposición propone el desarrollo de un tema para alcanzar un fin específico. Es, en otras palabras, el sermón en miniatura.

En el trabajo citado, Koller bosqueja varias normas o criterios por las cuales se debe juzgar toda proposición sermonaria.

> Deberá indicar el curso a seguir. La proposición "es una promesa que el discurso deberá redimir fielmente: por lo tanto, deberá ser formulada con una exactitud rigurosa".[7]

> "Deberá ser una generalización que conlleve una verdad universal, expresada en forma sencilla y

templada, sin adornos ni exageración".[8]

"Deberá ser normalmente una declaración sencilla (una oración simple), aunque se podría incorporar como la frase principal de una oración en la cual se incluye también una frase transicional".[9]

" ¡Deberá ser bien clara! , ya que desde el punto de vista estructural es la oración más importante de todo el sermón".[10]

"Deberá abarcar todo el pensamiento del sermón".[11]

"Deberá ser lo suficiente importante como para justificar su elaboración en el cuerpo del sermón".[12]

"Deberá ser generalmente sermonaria en carácter, expresando o implicando alguna respuesta de parte de la congregación hacia la cual el predicador se ha de mover".[13]

Debe distinguirse entre tres clases de proposiciones.

1. *La proposición persuasiva.* En la persuasión se trata de *modificar o cambiar* la actitud (o las actitudes) o la creencia (o creencias) de una o más personas. El objetivo de la persuasión es lograr una decisión sobre el mensaje que se está tratando de comunicar. La proposición persuasiva generalmente se usa en sermones cuyo fin es convencer a gente inconversa de la vigencia del evangelio y persuadirla a aceptar a Jesucristo como Salvador y Señor de su vida. Se usa también cuando se quiere llevar a una congregación de creyentes a hacer alguna clase de decisión en pro de la vida cristiana como tal: por ejemplo, convencerles de que deben lanzarse a la visitación casa por casa, desarrollar una campaña en pro de la justicia social o aumentar sus esfuerzos como mayordomos de los bienes del Señor.

Hay tres clases de proposiciones persuasivas, a saber: de *deber, habilidad* y *valor.*

La proposición de deber se usa cuando el predicador

desea persuadir al oyente que debe hacer algo.
Por ejemplo: *Cada persona debe aceptar a
Cristo como Salvador y Señor de su vida.*

La proposición de habilidad se usa cuando el
predicador desea persuadir al oyente que
puede hacer algo. Por ejemplo: *Cada ser
humano puede ser partícipe de la salvación.*

La proposición de valor se usa cuando el predicador desea persuadir al oyente que su
propuesta tiene mucho *más valor* que cualquier
otra. Por ejemplo: *Vale más reconocer a
Jesucristo como Señor en el ahora que en el
más allá.*

2. *La proposición didáctica.* Es aquella que tiene como fin
enseñar o informar. Cuando se usa en la construcción del sermón
debe llevar un empuje personal. Por ejemplo: *En el capítulo dos
de su epístola, Santiago desarrolla el concepto ético de la fe,
subrayando varios aspectos negativos de la fe sin obras que le impiden
al cristiano verdadero practicar una fe genuina.*

4.33 Hay varias formas de obtener proposiciones. Perry y Whitesell
sugieren tres posibles métodos para la formulación de una proposición, los cuales considero bastante sólidos.[14]

1. *Definiendo brevemente el asunto.* En este método, se trata
de hacer en una sola oración la distinción entre el asunto y otros asuntos
relacionados. He aquí tres ejemplos:

*Fe es aceptar la veracidad de Dios.
Amor es darse a otra persona sin calcular el costo.
Pecado es negarse a actuar responsablemente.*

2. *Por medio del propósito del sermón.* El predicador formula su
proposición en una oración que incluya la declaración del propósito
general o específico de su sermón. Cuando el predicador usa este método,
entra en el terreno de la proposición persuasiva, aunque es posible que el
predicador opte por este método y use una proposición didáctica. Este
es el caso, por ejemplo, cuando el propósito es didáctico.

3. *Resumiendo el tema y las divisiones principales del sermón.* Por ejemplo: *Enfoquemos la interrelación entre la teología y la evangelización desde un doble punto de vista. Primero, desde el punto de vista de la teología como fundamento de la evangelización; y segundo, desde el punto de vista de la evangelización como el objetivo de la teología.* Aunque esta clase de proposición suele ser muy eficaz en escritos académicos y conferencias, sin embargo, no es muy recomendable en la predicación por el hecho de que elimina el elemento de anticipación de parte del auditorio, que es de suma importancia en la comunicación oral.

4.34 La estructuración de la proposición del sermón debe ser variada. Los mismos autores citados arriba sugieren cuatro variaciones estructurales que se le pueden dar a la proposición.[15]

1. La estructuración proposicional más sencilla es la de *una proposición declarativa.* Es una afirmación clara y concisa que gira en torno al tema. Por ejemplo: *la oración trae muchos beneficios.*

2. *La proposición interrogativa.* En ésta se formula la proposición en forma de pregunta o de problema. Por ejemplo: *¿cuáles son los beneficios de la oración?*

3. *La proposición exhortativa.* El tema se formula en tal forma que exhorte a los oyentes a seguir la sugerencia prescrita. Por ejemplo: *"buscad al Señor mientras puede ser hallado".*

4. *La proposición exclamatoria,* en la que el tema se formula en forma de exclamación. Por ejemplo: *¡pensad en los muchos beneficios que trae la oración!*

4.4 Las siete interrogantes del sermón

4.41 Las interrogantes son las herramientas que ayudan a establecer el puente entre la proposición y el cuerpo del sermón. Cada proposición debe sugerir por lo menos *una* interrogante. El predicador escoge la que esté más de acuerdo con su propósito, esto es, si la proposición sugiere más de una interrogante. *La interrogante es, pues, una pregunta que se hace como resultado de la proposición.* Esta es una herramienta que *no debe* aparecer en el bosquejo, pero que debe, no obstante, estar implícita.

4.42 Hay siete interrogantes que pueden ser útiles en la formulación de una pregunta. Su uso sistemático contribuirá a la unidad, coherencia y promoción del paralelismo en el sermón.

¿Quién? Introduce una secuencia de personas para ser enumeradas, identificadas o incluidas en la aplicación de algún principio.

¿Cuál? Introduce una secuencia de cosas, selecciones o alternativas.

¿Qué? Introduce una secuencia de significados, definiciones, características, etc.

¿Por qué? Introduce una secuencia de razones u objeciones.

¿Cuándo? Introduce una secuencia de tiempo, etapas o condiciones.

¿Dónde? Introduce una secuencia de lugares, orígenes, fuentes, causas, etc.

¿Cómo? Introduce una secuencia de métodos y formas.[16]

4.5   La palabra clave

4.51 *La palabra clave es aquella herramienta por medio de la cual se pueden caracterizar en una sola palabra las divisiones principales de un sermón.* Casi siempre es un nombre plural, una forma verbal o un adjetivo en plural. La única excepción a esta regla se da cuando se usa el vocablo "naturaleza" en una proposición didáctica.

4.52 Esta herramienta puede ser parte de la proposición. Sin embargo, cuando la proposición necesita una oración transicional que la conecte con el cuerpo del sermón, la palabra clave debe ir incluida en dicha oración. Consideremos dos ejemplos.

Cuando la palabra clave va incorporada a la proposición: *El pasaje sugiere varias implicaciones en torno al nuevo nacimiento.*

Cuando la palabra clave *no* va incorporada a
la proposición:
*Proposición: Cada cristiano debe amar al
prójimo.*
*Oración transicional: Cada cristiano debe
amar al prójimo por tres razones evidentes
en el pasaje.*

4.53 La palabra clave debe ser específica. Por ejemplo, "cosas"
es demasiado general. "Usar un término como éste es semejante al
uso de un balde grande o una carretilla de carga para llevar tres man-
zanas".[17]

4.54 La palabra clave es una de las herramientas homiléticas de
mayor valor práctico y estructural. Uno de sus grandes valores es el
hecho de que le da claridad y singularidad al mensaje. Con una palabra
clave cada división principal tiene una relación lógica que le da
progresión lógica al tema. Ello evita que el predicador se descarríe
por el desierto del acto comunicativo, y lo fuerza a mantener la
coherencia entre los puntos principales.

4.55 Las divisiones principales se caracterizan por la palabra
clave. Ello facilita la memorización y la retención de las ideas
principales. Dice Koller:

La 'Palabra Clave' abre un pasillo a lo largo de
la estructura sermonaria, con acceso directo
a cada habitación desde la puerta de entrada,
en vez de dejar al predicador y su congregación
perdidos y errantes por todas las habitaciones.
Es [una herramienta] básica para la clase de
estructura homilética básica que se presta
eficazmente para la predicación sin notas.[18]

4.56 Hay literalmente una multitud sin límite de posibles palabras
claves. A continuación una lista breve que bien podría ser aumentada
con el uso de un buen diccionario de sinónimos.

abusos	disciplinas	motivos
actitudes	doctrinas	necesidades
actualidades	ejemplos	niveles
acusaciones	elementos	objeciones

advertencias	especificaciones	objetivos
afirmaciones	esperanzas	obligaciones
alternativas	estimados	observaciones
amenazas	estipulaciones	obstáculos
amonestaciones	errores	ofertas
ángulos	eventos	opiniones
aplicaciones	evidencias	oportunidades
áreas	exámenes	palabras
argumentos	exclamaciones	pasos
aspiraciones	exhortaciones	peculiaridades
asuntos	éxitos	peligros
atributos	experiencias	pensamientos
barreras	expresiones	pérdidas
bendiciones	fases	posibilidades
beneficios	factores	preguntas
cambios	faltas	premisas
causas	favores	prerrogativas
clases	flaquezas	principios
comienzos	fracasos	probabilidades
comparaciones	fuentes	problemas
compromisos	generalizaciones	procesos
conceptos	gozos	profecías
conclusiones	grados	promesas
condiciones	grupos	proposiciones
consecuencias	hábitos	provisiones
contrastes	hechos	pruebas
correcciones	ideas	puntos
costumbres	implicaciones	puntos de vista
credenciales	impresiones	razones
creencias	impulsos	realidades
criterios	incentivos	rechazos
críticas	incidentes	reclamaciones
cualidades	inferencias	recompensas
calificaciones	inspiraciones	recuerdos
datos	instrucciones	recursos
debilidades	instrumentos	reflexiones
decisiones	interrogantes	regalos
defensas	juicios	remedios
deficiencias	justificaciones	requisitos

definiciones	lecciones	reservaciones
demandas	llamadas	responsabilidades
desafíos	maldades	resultados
descubrimientos	manifestaciones	revelaciones
destinos	marcas	secretos
detalles	medios	sorpresas
diferencias	métodos	sugerencias
dificultades	misterios	suposiciones
direcciones	momentos	temas
tendencias	valores	violaciones
testimonios	variedades	virtudes

4.6 La oración transicional

La oración transicional es un puente retórico que vincula la proposición con las divisiones principales del sermón. Tiene tres partes: *la palabra clave, la interrogante o su substituto, y la proposición.* Las referencias bíblicas del sermón pueden también ir incluidas en la oración transicional. Hay veces en que la oración transicional se incorpora a la proposición, otras veces es necesario ponerla aparte. En el bosquejo, tanto la oración transicional como la proposición deben ser agregadas a la introducción, o sea, como las subdivisiones finales de la misma. A continuación, tres ejemplos:

1. Proposición: *La tentación puede ser resistida.*
   Interrogante: *¿Cómo?*
   Oración transicional: *Como Cristo, podemos resistir la tentación*
   (interrogante   (proposición) substituta)
   llenando las siguientes condiciones.
                (p. clave)

2. Proposición: *Cada persona debe aceptar el amor de Dios.*
   Interrogante: *¿Por qué?*
   Oración transicional   *Por varias razones implícitas en*
   (interro-   (p. clave)
   gante substituto).

   1 Co. 13: 1-8, cada persona debe aceptar el amor de Dios.   (proposición...)

3. Proposición, interrogante y oración transicional: *La sicosis del gadareno es semejante a la sicosis espiritual del hombre de hoy en el sentido de que en ambas se notan las mismas características.*

4.7 Las divisiones principales

4.71 De la proposición y la interrogante que esta sugiere se desprenden las ideas principales que van a ser desarrolladas en el sermón. *Las divisiones principales deben ser, por tanto, respuestas a la interrogante que levanta la proposición.* Por ejemplo, tomemos la siguiente proposición: *Cada persona debe aceptar el amor de Dios.* Es obvio que la interrogante lógica de esta proposición es "¿por qué?" De la misma surge la palabra "razones" como clave. Dicha palabra caracteriza por lo menos las siguientes ideas principales:

I   *(Porque) el amor de Dios es eterno.*
II   *(Porque) el amor de Dios es verdadero .*
III   *(Porque) el amor de Dios es existencial.*

4.72 Las divisiones principales deben tener *una idea singular* que sea la elaboración del tema. Esa idea es a la vez el núcleo de la proposición. En otras palabras, *no debe haber repetición de unas mismas ideas en las divisiones principales.* Deben ser no menos de dos y no más de cinco.

4.73 Algo muy importante es el principio de paralelismo. Las divisiones principales deben tener forma paralela. Si, por ejemplo, el primer punto es una interrogante, el segundo y el tercero deben serlo también. Se debe procurar mantener un mismo patrón de uniformidad en relación con frases, nombres, adjetivos otras partes de la oración que ocupan posición prominente en la coordinación de los puntos principales. Paralelismo quiere decir, entonces, coordinación y subordinación. Las divisiones principales deben tener buena coordinación, es decir, coherencia y fluidez, para formar así una unidad lógica. Además para mantener el paralelismo, deben subordinarse los puntos que no están bien coordinados, pero que son muy valiosos para eliminarse del sermón. Estos pueden ser incorporados como puntos secundarios.

4.74 Las divisiones principales deben anunciarse la mayoría de las veces. Ello es necesario para que sean perceptibles a la congregación y no se le escapen. Es también sumamente importante la variación en la manera de anunciar las divisiones principales porque el auditorio tiende a acostumbrarse cuando sólo se usa un método. Una buena presentación evita cultivar la monotonía. Hay varias formas de anunciar las divisiones principales. Aquí destacamos cuatro.

Por ordinales (adjetivos ordinales): En primer lugar, en segundo lugar, en tercer lugar: primero, segundo, tercero.

Por medio de la palabra clave: El pueblo gobernado por Zorobabel es un pueblo que sigue un camino de egoismo (primer punto, fuera de la voluntad de Dios (segundo punto) y sin la protección de Dios tercer punto).

Por recapitulación de la proposición: Este hombre fue condenado, no porque era rico, sino porque no quiso reconocer las señales de su mundo (primer punto). Nuestro personaje fue también condenado porque no quiso atender a sus necesidades espirituales (segundo punto). Sobre todo, el rico fue condenado porque no quiso obedecer a la Palabra de Dios (tercer punto).

Por medio de verbos (formas verbales) tales como noten, observen, vean, etc.

4.8 Las divisiones secundarias

4.81 Una vez que el predicador tiene claras en mente las ideas principales, procede a desarrollarlas a través de divisiones o ideas secundarias. Una división principal debe tener no menos de dos subdivisiones. El principio de paralelismo se aplica también a los puntos secundarios. En contraste con las divisiones principales, las subdivisiones (normalmente) no deben ser anunciadas, de lo contrario pueden crear una confusión en la mente de la congregación. Esto no quiere decir que el predicador no debe tener clara en mente la transición de una subdivisión a la otra. Pero esa transición no debe hacerse por medio de un anuncio formal de la división secundaria. Así podrá haber más variedad estilística.

4.82 Las divisiones secundarias pueden desarrollarse a través de interrogación, exposición, argumentación, aplicación, ilustración, exhortación o conversaciones imaginarias.

1. *Desarrollo a través de interrogación.* Se le puede aplicar al punto principal una pregunta o una serie de preguntas: *¿qué? ¿por qué?* , *¿cómo?* , *¿cuándo?* , etc. Cada subdivisión contesta la pregunta formulada o puede ser una misma interrogante. También se pueden usar preguntas retóricas para llamar la atención.

2. *Desarrollo a través de exposición*, explicando e interpretando cada aspecto de la idea principal por medio de definiciones, narraciones, ilustraciones, descripciones, comparaciones y contrastes.

3. *Desarrollo a través de argumentación.* Se defiende algún aspecto del punto principal o toda la división principal. Ello requiere el uso de evidencias y testimonios. Aquí vale la pena recordar las tres clases de pruebas que Aristóteles subraya en su *Retórica: logos, pathos, ethos. Logos* representa la prueba lógica, racional. *Pathos* es la evidencia cuyo fin es apelar a la emoción. La evidencia *ethos* acentúa el carácter o el *status* de una persona. Cada una de ellas tiene su lugar que *depende del auditorio.* Por tanto, el predicador deberá estar muy al tanto de la clase de oyentes que ha de tener, antes de usar una o cualquier combinación de las referidas pruebas.

4. *Desarrollo por aplicación.* El predicador procura relacionar la idea principal con la situación o las experiencias concretas de sus oyentes.

5. *Desarrollo por exhortación.* La exhortación toma la forma de una apelación directa al auditorio para aconsejarle, invitarle a tomar una decisión o amonestarle. El predicador debe tener mucho cuidado con el uso excesivo de la exhortación en el cuerpo del sermón, ya que, como hemos notado, la conclusión contiene la mayor parte de material exhortativo. Hay sermones, sin embargo, cuyo contenido se presta para mucha exhortación en las divisiones y subdivisiones.

6. *Desarrollo por ilustración.* En esta clase de desarrollo el predicador usa casos y ejemplos que clarifiquen algún punto en discusión. Hay sermones en que toda una división principal se puede desarrollar por medio de ilustraciones.

7. *Desarrollo por medio de conversaciones imaginarias.* En vez de hablar o describir a una persona, el predicador se la imagina presente y lleva a cabo una conversación imaginaria con ella.

4.9 Ejercicios mentales y homiléticos

4.91 ¿Por qué un predicador no puede darse el lujo de no arreglar bien su sermón? (cp. 4.1).

4.92 Siguiendo lo explicado en la sección 4.2 e ilustrado gráficamente al final del capítulo V (pág. 97), ¿a cuál parte de la estructura del sermón corresponde cada uno de los seis procesos retóricos?

4.93 Los siguientes ejercicios tienen como objetivo la elaboración de un sermón por cada pasaje analizado y por cada uno de los temas seleccionados en las secciones 3.86, 3.87 del capítulo III. Estos sermones no estarán acabados sino hasta el capítulo V, sin embargo, se procura aquí finalizar todo lo correspondiente al corazón y cuerpo del sermón. En la sección 3.86 se piden *tres temas* de un solo pasaje, pero para los efectos de los siguientes ejercicios sólo tendrá que escoger *uno* de esos tres. En 3.87 se pide *un* tema por cada uno de los pasajes escogidos y analizados. De modo que elaborará a continuación un sermón a partir del pasaje analizado y de uno de los temas seleccionados en 3.86 y un sermón por cada pasaje analizado y cada tema seleccionado en 3.87.

4.93.1 Construya una proposición sermonaria por cada tema seleccionado en 3.86 (uno solo de los tres escogidos) y 3.87 (cp. 4.3).

4.93.2 De las proposiciones construidas, anote por lo menos *una* interrogante sermonaria (cp. 4.4) y seleccione una palabra clave que responda a dicha interrogante y que se ajuste a lo explicado en la sección 4.5.

4.93.3 De acuerdo con lo explicado en la sección 4.6, elabore una oración transicional para cada proposición construida, si la misma lo requiere, de tal manera que responda a la interrogante que haya levantado la proposición y que lleve incluida la palabra clave seleccionada.

4.93.4 Ahora, con cada propósito específico claramente definido en lo que respecta a cada pasaje analizado; con cada asunto determinado y analizado; con cada tema escogido, cada proposición construida, cada interrogante sermonaria identifi-

cada, cada palabra clave seleccionada y cada oración transicional (si la proposición así lo ha requerido) elaborada,
*desarrolle las divisiones principales para cada tema,
proposición, etc. de acuerdo con lo explicado en las
secciones 4.7 y 4.8.* Agrupe las divisiones principales con
su respectivo pasaje, asunto, propósito específico, tema,
proposición, interrogante, palabra clave y oración transicional (si la hay) siguiendo un formato más o menos
similar al siguiente:

Nombre:

Pasaje:

Asunto:

Propósito específico:

Tema:

Proposición:

Interrogante sermonaria:

Palabra clave:

Oración transicional (si hay):

Cuerpo:

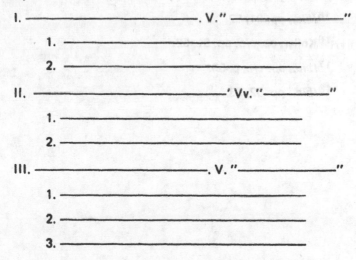

Notas

[1] Blas Pascal, citado por Juan Broadus en *Tratado sobre la predicación*, versión en Castellano (El Paso: Casa Bautista, sin fecha), pp. 159, 160.

[2] Koller, *op. cit.*, pp. 50ss.

[3] Perry, *op. cit.*, p. 3.

[4] Koller, *op. cit.*, p. 72.

[5] Perry y Whitesell, *op. cit.*, p. 75.

[6] Crane, *op. cit.*, p. 96.

[7] Koller, *op. cit.*

[8] *Ibid.*, p. 73.

[9] *Ibid.*

[10] *Ibid.*

[11] *Ibid.*

[12] *Ibid.*

[13] *Ibid.*, pp. 73, 74.

[14] Perry y Whitesell, *op. cit.*, p. 79ss.

[15] *Ibid.*, pp. 81, 82.

[16] Koller, *op. cit.*, pp. 51, 52.

[17] *Ibid.*, *op. cit.*, p. 55.

[18] *Ibid.*, pp. 52, 53.

CAPITULO 5

EL ARREGLO DEL SERMON
(Continuación)

5.0   Con la proposición formulada y elaborada por medio de la interrogante sermonaria, la palabra clave, las divisiones principales y las subdivisiones, quedan por delante la formulación de una buena conclusión, la elaboración de una introducción interesante, la selección de un título llamativo, la incorporación al cuerpo de material ilustrativo y la preparación del bosquejo final.   Consideremos, pues, en este capítulo, el resto de esta agenda inconclusa.

5.1   La conclusión del sermón

5.11   La conclusión *es la parte del sermón que desenlaza su contenido y hace su unidad claramente visible.*   Puede tener uno o más de los siguientes propósitos.

1.   Resumir las ideas principales y refrescar la mente del auditorio al respecto.

2.   Imprimir la verdad expuesta, con un impacto final, en la memoria del oyente.

3.   Traerlo todo a un foco ardiente de encuentro personal con la vida del oyente.

4.   Entregar los asuntos vitales y eternos del evangelio a la decisión del oyente, persuadiéndolo a que se decida por Jesucristo.

5. Sugerir un camino de acción, o sea: medios y formas de aplicar la verdad expuesta a la vida del oyente.

6. Indicar un contraste dichoso y favorable con una verdad rígida y severa. Por ejemplo: Si uno ha predicado sobre el pecado, el juicio o el castigo eterno y desea contrastarlo con algo favorable, podría hacerlo mediante una apelación a la justicia, la fe o el cielo.

5.12 La conclusión debe ser breve, clara, llena de frescura, variedad y vigor; practicable y de gran naturalidad personal, positiva y persuasiva. La conclusión *debe escribirse en forma de bosquejo, debe ser memorizada y caracterizada por puntos paralelos.* Cada conclusión *debe tener una oración de apertura, la cual deberá ser la proposición a la inversa.* He aquí algunos ejemplos.

1. Proposición: *Hay remedio en el Señor para la persona con una conciencia culpable.*

   Conclusión: *No importa cuán culpable se sienta tu conciencia: recuerda que hay remedio en el Señor para la persona con una conciencia culpable.*

2. Proposición: *La cruz tiene un mensaje, tanto para los reconciliados como para los no reconciliados.*

   Conclusión: *Hay algo intensamente personal acerca de la cruz.*

5.13 Hay varias clases de conclusiones.

1. Conclusión por *resumen*. Se puede hacer de cuatro maneras diferentes.

   Por un resumen *formal* de las divisiones principales del sermón, sin cambio alguno de su terminología.

   Por un resumen *parafraseado* de los puntos principales.

   Por un resumen *epigramático* en el cual se reducen

las divisiones principales a palabras singulares. Por ejemplo: pare, mire, escuche.

Por un resumen de las *aplicaciones*.

2. Conclusión por *aplicación*. Se sugieren medios y formas de aceptar el evangelio o se hace un enfoque especial en la vida personal del oyente. Esta clase de conclusión se usa cuando todo el cuerpo es una exposición y no tiene aplicación.

3. Conclusión de *motivación*. Se apela a altos incentivos, relacionando el mensaje a intereses o valores personales.

4. Conclusión por *contraste*. Pensamientos inspiradores, llenos de esperanza y confortación, se contrastan con verdades severas.

5. Conclusión por *anticipación*. Se prevén objeciones que el oyente puede hacer con respecto al evangelio y se les da una respuesta a cada una. Esta clase de conclusión se presta para las caricaturas orales.

6. Conclusión por *combinación* de dos o más de las clases de conclusiones arriba mencionadas. Por ejemplo: se resumen los puntos principales, se aplican por medio de contraste y se anticipan las posibles objeciones.

5.14 En la conclusión se pueden usar los siguientes instrumentos:

Alguna promesa.

Declaraciones sorprendentes.

Preguntas retóricas.

Proverbios.

Un himno o un poema.

Una buena cita.

Una declaración más del texto.

Una parábola o anécdota.

5.2 La introducción del sermón

5.21 La introducción *es la parte del sermón que establece contacto con* *el auditorio.* Por lo tanto, debe tener las siguientes características:

1. *Interesar* al oyente en el texto y/o el tema que ha de ser discutido. Para ello se deberá enfatizar su importancia y clarificar términos pertinentes.

2. *Remover prejuicios* contra el predicador o el tema. Es decir, la introducción es el medio para el establecimiento de *raport* con la congregación.

3. *Ayudar a traer calma al auditorio.*

4. *Eliminar la ignorancia de los oyentes* en torno al tema anunciado en el título. La introducción debe dar una respuesta general a la interrogante: ¿sobre qué ha de hablar el predicador?

5. *Debe comenzar con lo natural, lo familiar o conocido* y moverse suavemente a lo desconocido, o a lo espiritual.

6. *Introducir el pasaje bíblico* correlacionándolo con la temática de la introducción y resumiendo brevemente su contenido.

7. *La introducción debe moverse hacia la proposición.* Como ya se ha dicho, la proposición, como el corazón estructural del sermón, debe ser enunciada explícita o implícitamente durante la introducción.

8. En fin, debe ser *breve* (no más de 5 minutos), *amistosa, franca y sincera, clara y apropiada, modesta, interesante, sencilla, llena de tacto, unificante, sugestiva, variada y con el auditorio como foco.*

5.22 Hay varias clases de introducciones.

1. Aquellas que hacen *referencia a la ocasión*.

2. Las que hacen *referencia al asunto*.

3. Hay otras que comienzan con una *pregunta retórica* y proceden a contestarla.

4. Las que usan una *declaración llamativa* como punto de partida.

5. Hay introducciones que giran en torno a una *anécdota humorista*.

6. Una *buena cita* puede también servir como punto de partida.

7. Quizás una de las más comunes, populares y eficaces es la introducción que gira alrededor de una buena *ilustración*, real o hipotética.

5.23 ¿Cómo preparar una introducción? Una de las maneras más fáciles, y la que yo uso cuando me encuentro en un callejón sin salida, es la selección de una palabra o idea de la proposición para definirla, clarificarla o ampliarla. Dicha palabra o idea será el corazón de la introducción.

5.24 Toda introducción debe tener una oración de apertura a la cual se le llama "la oración de acercamiento". Dicha oración deberá hallar al auditorio en donde éste se encuentra en pensamiento y vida. La oración de acercamiento resumirá el pensamiento del sermón hasta la proposición.

5.25 Para la predicación sin notas, es imprescindible que la introducción sea escrita en forma de bosquejo. Ello facilitará su memorización.

5.26 Además, es sumamente importante que la introducción, como el resto del bosquejo, esté escrita en oraciones gramaticales sencillas y completas. Ello hará la transición mucho más fácil y le dará la coherencia y la fluidez que requiere una buena introducción. Ese bosquejo introductivo debe escribirse después de haberse estructurado la proposición.

5.27 Como ejemplo consideremos la siguiente introducción tomada de un sermón intitulado *Un carcelero desesperado* y basado en Hch. 16:25-34.

[SITUACION DE CONTACTO]

[Oración de acercamiento](Intr.): *Entre los diversos problemas agudos que confronta la sociedad moderna, uno de los más crónicos es el suicidio.*

1. *Este es un problema que no se puede esperar resolver con el desarrollo socio-económico y*

tecnológico del mundo. El número de suicidios aumenta a medida que avanza el desarrollo tecnológico del mundo y es en aquellos países de un nivel económico alto donde se da la mayoría de los suicidios.

2. El suicidio es un intento violento por acabar con la vida en un instante.

    (1) En su forma más amplia, el suicidio es un medio de escapar de la vida y sus diversos problemas.

    (2) El suicidio se le presenta como una opción a la persona en crisis, cuando ésta llega a un punto culminante de desesperación; ha perdido su razón de ser y no halla otra alternativa en la vida que la del fin violento y rápido.

[INTRODUCCION DEL PASAJE]

3. Era esta la situación en que se halló el carcelero de Filipos, al ser despertado por un gran terremoto que sacudió los cimientos de la cárcel e hizo que se abrieran las puertas y se soltaran las cadenas de todos los presos.

    (1) La situación puso al carcelero en un estado de desesperación, porque allí había dos prisioneros peligrosos.

      —Las autoridades le habían confiado el cuidado de Pablo y Silas después de haberlos azotado por alborotar al pueblo con enseñanzas religiosas extrañas.

      —Los magistrados le habían ordenado explícitamente guardarlos con seguridad.

      —El, interpretando las instrucciones estrictamente, los había metido en el calabozo de adentro.

(2)   Al ver, pues, las puertas de la cárcel
abiertas, el carcelero, desesperado por lo
que parecía haber sido un fracaso profesional, optó por el suicidio.

—Pero al sacar la espada para matarse,
Pablo clamando a gran voz, le dice:
"No te hagas ningún mal, pues todos
estamos aquí".

—El carcelero, profundamente conmo-
vido por aquellas palabras, se precipita
adentro, y temblando se postra de
rodillas y les pregunta a Pablo y a Silas:
"Señores, ¿qué debo hacer para ser
salvo? "

[PROPOSICION]

4.   En esta ocasión nos proponemos analizar la pregunta de
aquel carcelero desesperado que a través de los años ha
sido y será la pregunta clave del hombre.

[Oración transicional] —Notemos varios aspectos de la misma.

5.3   El título del sermón

5.31   El título del sermón *es el anuncio del tema en una forma llamativa y sugestiva*.   Debe indicar el contenido del sermón en una forma
breve y popular. El título no necesita ser idéntico al tema en cuanto
a su fraseología, aunque éste puede ser suficientemente interesante para
desempeñar el papel de título. No debe ser muy largo; cinco o seis
palabras no más. El predicador ni debe ni necesita anunciar el título
de su sermón en la presentación del mismo. Si es cuestión de dar a conocer el tema, éste se dará a conocer en la introducción y específicamente
en la proposición.

5.32   Como ejemplos anotamos los siguientes títulos a la par de sus
respectivos temas y asuntos.

1.   De Marcos 5:1-10
Asunto: El endemoniado de Gadara

Tema: *El dominio de Cristo sobre el endemoniado gadareno.*

Título: *Dominando al indomable*

2. De Génesis 32:22-30

Asunto: *Jacob*

Tema: *Su conciencia culpable*

Título: *Un hombre con una conciencia culpable.*

3. De Santiago 2:14-26

Asunto: *La fe*

Tema: *La fe sin obras*

Título: *El otro lado de la fe.*

4. De Hechos 16:6-10

Asunto: *El fracaso*

Tema: *Cómo hacer del fracaso un éxito*

Título: *Cómo tener éxito en el fracaso*

5.4 Las ilustraciones en el sermón

5.41 Una vez que todas las partes del sermón hayan sido puestas en su lugar, el predicador deberá agregar material ilustrativo que arroje luz y clarifique las ideas que han de ser expuestas. Las ilustraciones *son las ventanas del sermón que permiten la penetración de la luz.* Las ilustraciones le dan alas al sermón y le ayudan a levantarse por encima de la abstracción, al nivel de la objetividad, o a la inversa, ayudándole a bajar de las nubes de la abstracción a la situación concreta de la congregación.

5.42 Veamos más detalladamente el propósito de las ilustraciones.

1. *Clarificar* el tema, ampliar la proposición o hacer más inteligibles las ideas expuestas en las divisiones principales y secundarias.

2. *Darle vida a la verdad.*

3. *Reforzar argumentos.*

4. *Ser un instrumento de convicción.*

5. *Persuadir indirecta o directamente.*

6. *Ayudar a retener lo expuesto.* Muy probablemente la congregación promedio recuerda las ilustraciones más que ninguna otra cosa. Si las ilustraciones se ajustan a la verdad que ilustran, ayudarán al oyente a retener esa verdad en su memoria.

7. *Darle al sermón un toque humorista* que sirva para relajar las tensiones.

8. *Atraer la atención de niños y jóvenes.*

5.43 Hay muchas clases de ilustraciones.

1. *La historia.* Es una narración relacionada con alguna experiencia. Puede ser corta o larga; cierta o ficticia.

2. *Anécdota.* Es una historia humorística o seria, la mayoría de las veces con personajes reales. Debe ser breve, aguda e interesante.

3. *Lecciones objetivas.* Consisten de un objeto visible, tal como un lápiz, una moneda, un vaso de agua, etc., que representa la verdad que se está enseñando.

4. *Dramáticas.* Son las que representan en forma de drama la lección o verdad que se trata de enseñar.

5. *Alegorías.* Son comparaciones respaldadas, o metáforas prolongadas por medio de las cuales una cosa es presentada tras la imagen de otra.

6. *Lenguaje figurado:* metáfora, símil, hipérbole, etc.

7. *Poemas.* Son muy valiosos en un público hispano; pero se deben usar con cuidado, ya que su uso se puede exagerar. Debe usarse sólo la parte del poema que ilustra el punto en cuestión.

8. *Analogías.* Presentan puntos de relación o semejanzas entre dos o más atributos, circunstancias o efectos.

9. *Citas.* Las citas directas, especialmente cuando son de fuentes conocidas, llaman la atención.

5.44 ¿Dónde se pueden buscar buenas ilustraciones? A continuación damos algunas fuentes.

Biografías

El arte (pintura, escultura, música, drama y arquitectura).

El deporte (atrae mucho a la juventud y presenta buenas ilustraciones para la vida cristiana).

Experiencias personales.

La Biblia.

La historia.

La imaginación.

La literatura general.

La naturaleza (los árboles, la yerba, jardines, etc.).

La obra misionera.

Observación personal (problemas, actitudes, etc.).

Periódicos, revistas, radio y televisión.

Viajes.

5.45   Las ilustraciones deben ser llenas de vida, tomadas de las experiencias diarias (la mayor parte de las veces) Sobre todo, deben tener sentido para el oyente.

5.46   Las ilustraciones deben ir ordenadas (sangradas) debajo de la idea que ilustran. Cada ilustración debe ser resumida en una frase breve que vaya acompañada de la siguiente sigla (Ilu.) No debe haber más de una ilustración para un mismo punto, excepto cuando se usa la ilustración como principio de desarrollo (vea el desarrollo de las divisiones secundarias en el capítulo anterior).   Una ilustración puede ser muy útil porque ayuda a establecer contacto con el público, cuando se usa en la introducción, y le da el toque final, cuando se usa en la conclusión.

5.5   El bosquejo final del sermón

5.51   Una vez que se ha construido todo el bosquejo del sermón, el predicador procede a ponerlo en forma final. Se aconseja que el bosquejo final aparezca en una sola hoja de papel, que se escriba a mano con letra inteligible, pero usando mucha abreviatura y los principios audiovisuales ya anunciados (sangrar, subrayar lugares claves y abreviar). Para más detalles sobre este aspecto y para la consideración detallada de las razones que me llevan a hacer esta recomendación, favor de ver la tercera parte de este volumen, el capítulo sobre "El predicador y la entrega del sermón".

5.52   Ejemplo de un bosquejo final (véase también el capítulo arriba indicado).

Hacia un culto encarnado
(Ro. 12:1)

Intr.   *Ser cristiano implica entre otras cosas consagración absoluta a Jesucristo.*

1.   *Ello está implícito en el llamado a la fe (Mt. 16:24)*

   (1)   *El llamamiento a la fe en Cristo una convocatoria a la obediencia radical.*

   (2)   *Estar en Cristo implica estar comprometido con él; hacerlo la norma de nuestra conducta diaria.*

2.   *En Ro. 12:1 Pablo plantea la consagración como un imperativo categórico en la vida de todo cristiano.*

   (1)   *Ello se deduce del hecho de que la consagración genuina constituye para Pablo la esencia de la vida cultual del cristiano.*

   (2)   *Si el cristiano, como da a entender Ro. 11:36 y Ef. 1:6, existe para la alabanza y gloria de Cristo, luego podemos afirmar que para Pablo la consagración es la más alta expresión del culto cristiano.*

   (3)   *De ahí que en este pasaje Pablo exhorte a todo cristiano a dar culto a Cristo por medio de una vida absolutamente consagrada a él.*
   —Hay en el pasaje por lo menos 2 razones que respaldan la antedicha afirmación .

I.   Porque la consagración expresa en forma encarnada nuestra gratitud a Dios.   V.   1a. "misericordias de Dios".

   1.   *La vida consagrada es una expresión de gratitud por las misericordias de Dios.*

   (1)   *La gratitud se expresa con hechos, no con palabras.*

   (2)   *La consagración a Cristo es la única manera en que el cristiano puede expresarle su gratitud.*

(Ilu.) Las misericordias de Dios en Ro. 1--11.

2.   *La vida consagrada, por ser una expresión de gratitud, es completamente voluntaria: "Os ruego".*

3.   *La consagración, como expresión de gratitud, constituye una encarnación del culto.*

    (1)   Ello se debe a que el culto es una respuesta de gratitud a la intervención misericordiosa de Dios en nuestra vida.

    (2)   De ahí que la predicación, el servicio al prójimo, etc., sean testimonios de la gracia de Cristo.

II. Porque la consagración es la única ofrenda aceptable para Dios.
    V. 1b. "cuerpos...culto".

1.   *La ofrenda marca el clímax de todo acto de adoración —En el "culto público" la esencia de la ofrenda no está en el dinero, sino en lo que representa (vida y talentos).*

2.   *La adoración tiene sentido sólo en la medida en que se ofrecen sacrificios.*

    (1)   No se trata del sacrificio substitucional de Cristo, sino del sacrificio de nuestros cuerpos.

    (2)   No se trata tampoco de amortiguarlos, sino de dedicarlos al servicio de Cristo sin reservas, con todos sus recursos e imperfecciones.

3.   *La única ofrenda aceptable para Dios es el ofrecimiento de nuestros cuerpos vivos (continua e incondicionalmente) en la situación concreta de nuestro diario vivir.*
    (Ilu.) Los profetas de Israel y los sacrificios del pueblo (Sal. 51:17; Mi. 6:6-8).

Concl.   *Nuestro culto tendrá sentido sólo en la medida en que dramatice un culto encarnado en la situación concreta de nuestro diario vivir.*

1.   *En la medida en que refleje vidas consagradas a Cristo en respuesta a su obra misericordiosa; testimonios y gestos de gratitud a Dios.*

2.   *En la medida en que haya espíritu de arrepentimiento por las veces en que no presentamos*

nuestros cuerpos en sacrificio vivo y no
hacemos de nuestra vida un culto encarnado.

5.6   Ejercicios mentales y homiléticos

5.61   ¿Cuál es la conclusión del sermón?   ¿Qué propósito tiene ?
(cp. 5.11).

5.62   ¿Qué relación tiene la conclusión con la proposición?
(5.12).

5.63   Anote y explique las clases de conclusiones sermonarias
(5.13).

5.64   Anote cinco instrumentos (de los nueve que aparecen en la
sección 5.14) que pueden usarse para formular una buena
conclusión.

5.65   Construya una conclusión para cada sermón comenzado
en el capítulo anterior, sección 4.93 (cp. 5.1).

5.66   ¿Cómo define el autor la introducción del sermón?   Anote
las características que debe tener una buena conclusión
(cp. 5.21).

5.67   Anote las diferentes clases de introducciones (cp. 5.22).

5.68   ¿Cómo se prepara una buena introducción?
(cp. 5.23-5.26).

5.69   Explique las diferentes partes de la introducción a la luz del
ejemplo que se ofrece en la sección 5.27.

5.70   Prepare una introducción para cada sermón comenzado en el
capítulo anterior, sección 4.93.

5.70.1   ¿Cómo define el autor el título del sermón?

5.70.2   Dele un título a cada sermón comenzado.

5.70.3   ¿Qué papel desempeñan las ilustraciones en el sermón?
(cp. 5.41, 5.42).

5.70.4   ¿Cómo se sugiere que deben ordenarse las ilustraciones
en el bosquejo sermonario?   (cp. 5.46).

5.70.5 Agréguele a cada sermón elaborado material ilustrativo siguiendo las especificaciones y sugerencias que aparecen en la sección 5.4.

5.70.6 ¿Cómo se sugiere que se prepare el bosquejo final?

5.70.7 Estudie el ejemplo en la sección 5.52 y en las páginas 107, 108. Una vez que lo haya estudiado prepare un bosquejo similar para cada sermón que ha venido preparando desde el capítulo III.

DIAGRAMA del PROCESO de la CONSTRUCCIÓN SERMONARIA

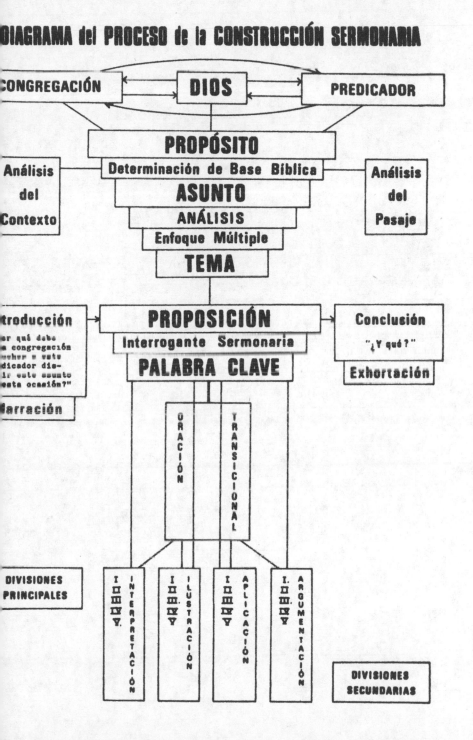

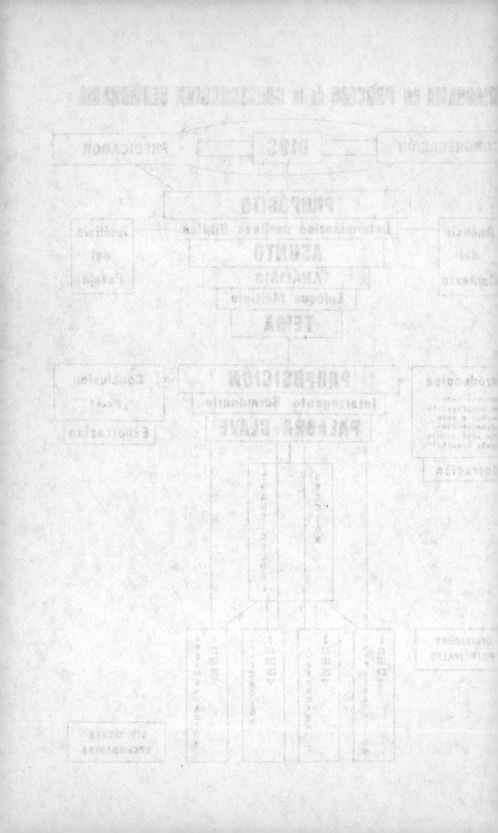

CAPITULO 6

VARIACIONES EN EL ARREGLO DEL SERMON

6.0 El modelo básico

6.01 El material que se acaba de discutir en los últimos dos capítulos se podría describir como un modelo básico del arreglo del sermón. Se le llama básico, en primer lugar, porque pasa por el proceso normal de la comunicación. Es decir, se concibe una idea, se codifica, se explica y se resume lo que se ha explicado. Es también básico en el sentido de que es fundamental para otras formas de presentar el mensaje bíblico.

6.02 La complejidad de los auditorios modernos, la competencia por la atención del hombre de hoy, la amplitud y profundidad del material bíblico, las inmensas necesidades y problemas que confronta la humanidad contemporánea y la responsabilidad de predicar semana tras semana sermones frescos, novedosos y que abarquen todo el espectro de la historia de la salvación, hacen necesaria la variación ocasional en la construcción sermonaria. A continuación me propongo, pues, someter seis variantes del modelo sermonario básico que Lloyd Perry, siguiendo el trabajo de varios rétores contemporáneos, ha elaborado muy cautelosamente en dos de sus libros: *Manual de predicación bíblica* y *Guía para el sermón bíblico.*[1]

6.1 El modelo analógico

6.11 Este modelo describe la clase de presentación bíblica que se desarrolla por medio de la *comparación* o el *contraste* de objetos tangibles con verdades espirituales. Tiene como fin clarificar el pensamiento teológico por medio de realidades familiares. Este era uno de los métodos favoritos de Jesús, como bien lo revelan sus múltiples parábolas. Es por ello que, tanto las parábolas como las metáforas y comparaciones tipológicas del Maestro, figuran entre las porciones bíblicas más destacadas para la preparación de sermones analógicos.

6.12 Algunas de las analogías más destacadas de Jesús son: "Vosotros sois la sal de la tierra" (Mt. 5:13). "Vosotros sois la luz del mundo" (Mt. 5:14). "El reino de los cielos es como un grano de mostaza" (Mt. 13:31). A éstas se pueden agregar las múltiples analogías, parábolas, metáforas, tipos, etc., que aparecen tanto en el Antiguo como en el Nuevo Testamento. He aquí algunas: Oseas 7:8: "Efraín fue torta no volteada"; Amós 7:8: "Oíd esta palabra, vacas de Basán"; Salmo 42:1: "Como el siervo brama por las corrientes de las aguas, así clama por ti, oh Dios, el alma mía"; 1 Corintios 15:22: Adán como tipo de Cristo; Mateo 11:14: Elías como tipo de Juan el Bautista; Hebreos 7:1-18: el sacerdocio de Melquisedec como tipo de Cristo.

6.13 Como el modelo analógico es una variante del básico, sigue más o menos un mismo patrón estructural, pero con las siguientes modificaciones.

1. *El asunto es la verdad teológica o espiritual que se enfatizará en el mensaje.* Por ejemplo, si el sermón se basa sobre la *Parábola del hijo pródigo,* el asunto podría ser: *El amor de Dios.* Si por casualidad fuera sobre la analogía "Vosotros sois la sal de la tierra", el asunto podría ser: *La vida cristiana.*

2. *El tema del sermón analógico involucra la analogía que se ha de desarrollar.* Por ejemplo, siguiendo el patrón de la *Parábola del hijo pródigo,* el tema podría ser: *La similitud entre el amor del padre para con el pródigo y el amor de Dios para con el hombre.*

3. *La proposición es la declaración del tema en una oración gramatical completa.* Ejemplo: En la narración del amor del padre para con su hijo pródigo, podemos notar una perfecta ilustración del amor de Dios para con el hombre.

4. Esta clase de proposición no levanta explícitamente una

interrogante sermonaria, aunque sí la tiene implícita. Dado el caso de que el sermón analógico tenga como fin clarificar una verdad teológica por medio de un incidente, objeto o verdad familiar, el sermón se limitará a responder la interrogante *qué* o *quién,* por supuesto con todos sus derivados.

5. Las posibilidades de *palabras claves* están también limitadas a tres o cuatro: comparaciones, similitudes, semejanzas y contrastes. Cabe aclarar que muchas veces, en esta clase de sermón, la palabra clave puede y debe aparecer en su uso singular. Ello contribuirá a la fluidez del mensaje sin quitarle a la palabra clave su función descriptiva.

6. *La oración transicional* incluye *la palabra clave* (que normalmente aparece al principio), *el tema* y *el propósito* que se espera alcanzar a través de la clarificación de la analogía en cuestión. Por ejemplo: *Un análisis comparativo del amor del padre para con su hijo y el amor de Dios para con el hombre, nos ayudará a comprender lo mucho que Dios nos ama.*

7. *Las divisiones principales abarcan las similitudes entre la verdad, objeto, incidente o personas comparadas.* De ahí que comienzan normalmente indicando el contraste. Por ejemplo: *como el padre anhelaba el retorno de su hijo, así anhela Dios el retorno de la humanidad caída.*

8. *Las subdivisiones narran e interpretan el incidente, describen a la persona o interpretan el objeto y la verdad en discusión.* Además, *desarrollan la verdad que está siendo clarificada y la aplican a la congregación.* Una forma muy sencilla de desarrollar las subdivisiones es dividiéndolas en tres: la primera, desarrolla el incidente, objeto, persona o verdad, comparada; la segunda, desarrolla la verdad teológica del sermón (o sea, el asunto); y la tercera hace hincapié sobre la aplicación práctica de la división principal.

9. *La conclusión* del modelo analógico puede seguir las diferentes clases de conclusiones ya discutidas en el modelo básico, o concretarse a resumir las aplicaciones que se han hecho a través del sermón.

10. *La introducción debe enfatizar la importancia del concepto que se piensa clarificar en el sermón.* Por ejemplo, en el caso de una analogía entre el amor del padre para con su hijo pródigo y el amor de Dios para con el hombre, la introducción podría partir de una breve

explicación sobre la importancia del amor en la vida del hombre. Por otro lado, si el sermón se basara en la analogía de la sal y la vida cristiana, la introducción tendría que comenzar con una discusión sobre la importancia de la sal en la vida humana.

6.13 Ejemplo de un bosquejo sermonario basado en el modelo analógico.

La formación del más grande sacerdote
(Heb. 7:1-28)

Intr. *¿Qué determina la grandeza de un hombre?*

1. *Ralph W. Emerson solía decir que es "el poder de ver lo espiritual más fuertemente que cualquier fuerza [y] material"*

2. *Nitzche decía que es una gran causa.*

3. *La Biblia dice que es Dios (1 Cr. 29:11).*
   - (1) *Tal fue el caso con Melquisedec.*
     - *—Se dice que fue muy grande (Heb. 7:4), pero no por su genealogía, ni por el hecho de que se involucró en una gran causa, ni por su contemplación de lo espiritual sobre lo material, sino porque Dios lo hizo grande.*
     - *—En el Salmo 110 y especialmente en Hebreos 7: 1-28 se nos dice claramente que la grandeza de Melquisedec estuvo en que Dios lo escogió para ser un tipo de Cristo.*
   - (2) *La tipología bíblica es la doctrina de la representación simbólica de la persona y obra de Cristo en ciertos personajes, objetos o sucesos del AT.*

[Prop.] (3) *En la narración del sacerdocio de Melquisedec encontramos, pues, claramente descrita la naturaleza del sacerdocio de Cristo.*

[O.T.] *—Un estudio de las similitudes entre el sacerdocio de Melquisedec y el sacerdocio de Cristo nos ayudará a comprender la grandeza del sacerdocio de nuestro Señor, y asimismo, los grandes beneficios que el mismo nos ofrece.*

I. **Como el sacerdocio de Melquisedec era celestial, así es el** sacerdocio de Cristo, celestial. V. 3a. "sin padre, sin madre".

1. *El sacerdocio de Melquisedec no seguía un orden genealógico.*

   (1) *Aparece en la narración bíblica sin referencia a padre o madre.*

   (2) *Su sacerdocio no dependía de herencia genealógica, sino de un nombramiento divino.*

2. *El sacerdocio de Cristo no sigue el orden aarónico sino el melquisedectino.*

   (1) *Cristo descendiente de la tribu de Judá.*

   (2) *Cristo sacerdote de un orden mayor (celestial).*

3. *El hecho de que el sacerdocio de Cristo tenga un origen celestial, hace claras las ilimitadas posibilidades de salvación que brinda.*

II. Como el sacerdocio de Melquisedec era eterno, así es el sacerdocio de Cristo, eterno. V. 3b. *"sin principio de días, ni fin de vida..."*

   1. *El sacerdocio de Melquisedec no estaba limitado por el tiempo como el de Aarón.*

      (1) *El sacerdocio aarónico tenía principio y fin porque dependía de un orden genealógico.*

      (2) *El sacerdocio melquisedectino era eterno porque dependía de una herencia celestial.*

   2. *El sacerdocio de Cristo no está limitado por el tiempo.*

      (1) *Cristo era sacerdote antes de la fundación del mundo (Ap. 3:8).*

      (2) *Cristo será sacerdote por siempre. v. 28b.*

   3. *Ello hace claro el ministerio continuo de intercesión de Cristo y sus infinitas posibilidades para nosotros. v. 25b.*

III. Como el sacerdocio de Melquisedec trasciende las limitaciones del sacerdocio aarónico, así el sacerdocio de Cristo trasciende las limitaciones del sacerdocio aarónico. v. 11.

   1. *El sacerdocio de Melquisedec no tenía las limitaciones del aarónico. v. 11.*

      (1) *Porque no tenía fin. v. 23.*

        (2)   *Porque era espiritualmente adecuado, v. 27a.*

    2. *El sacerdocio de Cristo trasciende las imperfecciones del aarónico.*
        (1)   *Cristo trascendió las limitaciones de la muerte. v. 24.*
        (2)   *Cristo trascendió las limitaciones del pecado. v. 26.*

    3. *La trascendencia del sacerdocio de Cristo sobre la muerte y el pecado nos asegura el carácter permanente de su expiación. v. 27.*

Concl.   *Cristo es sacerdote según el orden de Melquisedec; por tanto, es el más grande de los sacerdotes, por cuanto:*

    1. Efectuó la expiación una vez para siempre.
    2. Salva eficaz y perpetuamente a los que por él se acercan a Dios.
    3. Intercede continuamente por los suyos.

6.2 El modelo etimológico

6.21 El modelo etimológico, como el analógico, *tiene el propósito de clarificar un concepto bíblico.* Sin embargo, procura hacerlo a través del estudio de *una palabra singular* cuya raíz da cabida para diferentes significados. De esta manera se puede traer a colación la riqueza de significados que hay detrás de muchas palabras que suelen usarse en el vocabulario bíblico-teológico.

6.22 Esta clase de arreglo sermonario sigue también el modelo básico con la excepción de que se concreta al estudio de una sola palabra. Es así como el *asunto* es la palabra en estudio; el *tema* es el significado o significados, sentido o sentidos del asunto; y la *proposición* es la declaración del tema en una oración gramatical completa pero dentro de un contexto doctrinal o ético (por ejemplo: Dios perdona los pecados). La *palabra clave* se limita de igual modo a una sola, con sus respectivos sinónimos: definiciones (significados, sentidos, etc.). En cuanto a la *oración transicional,* ésta sigue el mismo patrón del modelo analógico, es decir: la palabra clave (en su uso plural o singular), el asunto y el propósito que se espera alcanzar a través del estudio de la palabra en cuestión. Las *divisiones principales,* por supuesto, son definiciones del asunto; y las *subdivisiones* pueden incluir referencias al cuadro verbal detrás de la palabra que se está estudiando, el uso de la misma en la Biblia, el pensamiento secular y el vocabulario común del pueblo de Dios, y la aplicación de esa definición a la vida cotidiana de la congregación.   La conclusión puede resumir las definiciones o las aplicaciones de la palabra en cuestión; mientras que la introducción deberá hacer hincapié sobre el uso y la importancia de dicho vocablo en la vida cotidiana y en el lenguaje bíblico.

6.23 Por supuesto, esta clase de arreglo se presta para el estudio de palabras bíblicas clásicas, tales como perdón, redención, reconciliación, creación, salvación, etc.   Presupone, por tanto, el uso de ayudas auxiliares en los idiomas bíblicos, como léxicos, concordancias, libros que tratan con el estudio de palabras,[2]etc.   Esta clase de sermón no tiene que estar basado en los diferentes usos que se le dan a una palabra particular en la Biblia.   Muy bien puede basarse en usos comunes o históricos junto con el uso de la palabra en la Biblia.

6.24 Ejemplo de un bosquejo sermonario etimológico basado en la palabra *redención.*

La palabra más cercana al corazón de Dios

Intr. *Una de las características más sobresalientes de la Biblia es su riqueza de vocabulario.*

    1. Esa riqueza de vocabulario no se debe a la riqueza de nuestro idioma, sino a la riqueza y precisión de los idiomas bíblicos.

        (1) Por esta razón, muchos vocablos que aparecen en nuestra Biblia castellana en su original tienen varios significados.

        (2) Por ejemplo, vida y mundo *tienen por lo menos tres significados:* gracia y seguimiento, *cuatro;* pecado, *cinco; y* redención, *tres.*

    2. Esta última se podría describir como la palabra más cercana al corazón de Dios.

[Prop.] *(1) La Biblia hace claro que el propósito de Dios en Cristo es redimir al hombre.*

[O. T.] *(2) Un estudio de los diversos significados que la*

Biblia le da al vocablo redención nos ayudará a comprender la extensión de la obra redentora en Cristo.

I. La palabra redimir en Tito 2:14 es el vocablo griego "lutuo" que se deriva de "luo", que significa "desatar": *"quien se dio a sí mismo por nosotros para redimirnos de toda iniquidad...".*

    1. *Cristo murió para liberar al hombre de la esclavitud del pecado (Ro. 8:1-3).*

    2. *Cristo puede, por tanto, liberarte a ti y liberarme a mí de ese estado de esclavitud (Jn. 8:32, 36).*

        (1) *El es el liberador de toda la humanidad.*

        (2) *Ello tiene implicaciones tanto individuales y espirituales como colectivas o sociales.*

II. La palabra redimir en el Salmo 49:15 es el vocablo hebreo "padah", que significa "rescatar": *"...Dios redimirá mi alma del poder del Seol".*

    1. *Este es el mismo término que se usa en Jeremías 15:21 donde se nos presenta a Dios rescatando a Jeremías de la mano de los fuertes.*

    2. *A través del AT Dios se nos presenta como el rescatador de Israel (Dt. 7:8).*

    3. *Dios en Cristo rescata al hombre de la muerte. (Ilu.) Quería orar.*

III. La palabra redimir en el Salmo 69:18 es el vocablo hebreo "goal", que significa "comprar lo que pertenecía a uno": *"Acércate a mi alma, redímela...".*

    1. *Este es el término que se usa en Exodo 6:6 donde Dios le dice a Moisés: "...yo os sacaré de ... Egipto... y os redimiré con brazo extendido...".*

    2. *Cristo murió para comprar lo que se le había perdido. (Ilu.) Caso de Oseas con Gomer.*

    3. *Por tanto, nos puede hacer hijos de Dios.*

Concl. *Es el propósito de Dios en Cristo redimir al hombre, lo que implica:*

1. *Liberación de la esclavitud del pecado.*
2. *Rescate de la muerte.*
3. *Reintegración a la familia de Dios.*

6.3 El modelo analítico

6.31 Este tipo de estructura *tiene como foco el análisis general de una doctrina, concepto ético, persona, incidente o milagro.* Tiene como finalidad impartir información que amplíe los horizontes del auditorio en relación con el asunto analizado. Esta clase de acercamiento es saludable cuando se quiere dar una visión panorámica de un asunto dado. Es recomendable en la predicación biográfica y doctrinal.

6.32 En el modelo analítico el *asunto* es la doctrina, el concepto ético, el personaje, incidente o milagro que se desea analizar. El *tema* es el análisis de la doctrina, concepto ético, etc.

6.33 Este tipo de estructura requiere una *proposición de síntesis y análisis,* la cual deberá ser formulada en forma de declaración doctrinal, afirmación ética o enunciado sobre una persona, incidente o milagro. Esta clase de proposición es muy similar a la proposición didáctica que mencionamos en nuestra discusión sobre el modelo básico, con la excepción de que la proposición de síntesis y análisis se limita a levantar las interrogantes "¿qué?" y "¿quién?", y a hacer un análisis comprensivo que clarifique o amplíe la perspectiva de una persona, incidente, doctrina o concepto ético. En cambio, en la proposición didáctica se anuncia un aspecto particular del asunto y éste pasa a ser desarrollado.

6.34 Por ejemplo, suponiendo que el asunto del sermón fuera Abraham, la proposición podría ser: *Abraham fue un gran hombre.* O si por casualidad fuera el concepto ético de la humildad, la proposición podría ser: *La humildad es una de las virtudes más importantes de la vida cristiana.*

6.35 El modelo analítico, como todos los otros modelos que se han discutido en este capítulo, gira alrededor de las dos *interrogantes* mencionadas. El repertorio de *palabras claves* está también limitado a cuatro con sus respectivos sinónimos: aspectos, elementos, períodos o episodios. La oración *transicional* es semejante a la de los modelos analógicos y etimológicos. Las *divisiones principales* deberán desarrollar en forma amplia y general el asunto que se está analizando. Deberán responder a la categoría descriptiva de la palabra. Muchas son las categorías clave de pensamiento que se podrían aplicar a esta clase de sermón en el desarrollo de las divisiones principales. Por ejemplo, cuando el asunto es un incidente, éstas se pueden desarrollar a través de categorías cronológicas, tales como pasado, presente y futuro. Cuando el asunto es una doctrina, se pueden analizar sus partes esenciales; o cuando es un milagro, se puede usar la categoría de causa y efecto (el caso, el milagro en sí y las consecuencias).

6.36 En cuanto a los otros aspectos de la estructura analítica rige lo comentado en los demás modelos estructurales. La única excepción en esta regla son las ilustraciones. Por su naturaleza, y según el asunto, el sermón analítico requiere mucho más material ilustrativo que el analógico o el etimológico.

6.37 Ejemplo de un sermón analítico basado en la doctrina del Espíritu Santo.

Creo en el Espíritu Santo

Intr. *En toda la teología cristiana no hay una doctrina cardinal a la cual se le haya dado tan poca atención como a la doctrina del Espíritu Santo.*

1. *En los tomos de teología el Espíritu Santo casi siempre es considerado como parte de alguna otra doctrina (trinidad o redención).*

2. *En el púlpito cristiano son muy pocos los sermones que tratan directamente con el Espíritu Santo.*

3. *En la mayoría de los cristianos de hoy existe una ignorancia increíble acerca del Espíritu Santo (Hch. 19:2).*

4. *Es un hecho, sin embargo, que a pesar de la falta de atención a esta doctrina bíblica, la iglesia cristiana ha confesado continuamente creer en el Espíritu Santo (cp. Credo de los Apóstoles).*

[Prop.] *(1) Si la expresión apostólica "creo en el Espíritu Santo" es parte central de la fe cristiana, creo que es responsabilidad de cada cristiano tener un* conocimiento básico de la doctrina del Espíritu Santo.

[O.T.] *(2) Consideremos, pues, los aspectos más sobresalientes de la doctrina del Espíritu Santo.*

I. La importancia del Espíritu Santo.

    1. Es indispensable en las doctrinas de revelación y redención

        (1) Revelación es la obra por la cual Dios se da a conocer al hombre.

        (2) Redención es la actividad total de Dios en su esfuerzo por traer de regreso al hombre de su estado de alejamiento y enemistad a un estado de comunión y adopción.

    2. Es fundamento de la vida invididual del cristiano y de la vida colectiva de la iglesia.

    3. Es indispensable en el cumplimiento de la misión del cristiano y de la Iglesia (Hch. 1:8).

II. La persona del Espíritu Santo.

    1. Lo que no es el Espíritu Santo.

        (1) No es una fuerza mágica.

        (2) No es una corriente religiosa.

        (3) No es una manifestación modalista de Dios (persona-máscara, manifestación).

    2. Lo que es el Espíritu Santo.

        (1) Es una persona - tiene determinación propia y características personales.

        (2) Es la presencia de Dios en el mundo (Gn. 1:2).

        (3) Es el vicario de Cristo en la iglesia (Jn. 14:26: "el padre enviará en mi nombre").

        (4) Es la dinámica divina en la vida del cristiano (Col. 1:27 "Cristo en vosotros la esperanza de gloria").

III. La obra del Espíritu Santo.

    1. En relación al mundo.

        (1) Revela a Dios.

        (2) Convence al mundo de pecado, justicia y juicio (Jn. 16:8-11).

> —Pecado - alejamiento de Dios y enemistad con él.
> —Justicia - rectitud, estandarte de conducta y estabilidad.
> —Juicio - declaración de la sentencia hecha sobre el diablo y los que le siguen.

2. En relación con el cristiano.

   (1) Aplica la obra redentora de Cristo.
> —Efectúa la regeneración.
> —Efectúa la santificación.
> —Efectúa la iluminación de la voluntad de Dios a través de la Palabra.
> —Efectúa la perseverancia de los santos.

   (2) Ayuda en la extensión de la obra redentora de Cristo (Hch. 1:8).

3. En relación con la iglesia.

   (1) Ayuda a la iglesia en su misión; la llena de poder (cp. Hch.); le da dones (Ef. 4:11).

   (2) Crea unidad en la iglesia.

Conclusión. 1. En la afirmación apostólica "creo en el Espíritu Santo" la iglesia cristiana expresa su convicción de la importancia del Espíritu Santo para la fe cristiana, su naturaleza divina y personal y su obra en el mundo, en el creyente y en la iglesia.

           2. Al declarar "creo en el Espíritu Santo" la iglesia se une, además, al testimonio bíblico sobre la necesidad del cristiano de ser lleno del Espíritu Santo (Ef. 5:18).

   (1) La doctrina tiene que ser actualizada en las situaciones concretas del diario vivir.

   (2) La expresión "ser llenos del Espíritu Santo" implica completa obediencia y sumisión al Espíritu Santo.

*(3)   La vida llena del Espíritu Santo da frutos
éticos (Gá. 5:22, 23).*

3.   *"Creo en el Espíritu Santo"* no sólo es una declaración
de fe sino una confesión de nuestra necesidad de
ser llenos de la presencia del Espíritu Santo.

4.   *"Creo en el Espíritu Santo"* involucra, sobre todo,
una decisión de sumisión y entrega al Espíritu Santo.

6.4 El modelo de investigación problemática

6.41   Esta clase de estructura sermonaria se basa en el supuesto que
vivimos en un mundo de problemas y que la predicación evangélica
debe ser orientada a la solución de los mismos. No que la predicación
deba resolver todos los problemas del mundo, pero sí debe procurar
responder desde la perspectiva teológica a las grandes interrogantes y
problemas que agobian al hombre y a la sociedad. El modelo de
Investigación problemática *intenta proveerle al predicador un medio
estructural para la investigación de un problema dado.*   Se trata de
un sermón que toma como punto de partida los problemas que
agobian a la congregación y busca una solución bíblico-teológica para
los mismos.

6.42   El modelo problemático se basa en parte en el proceso de
aprendizaje y de acción motivada que han investigado centenares de
educadores, sicólogos y rétores. Se desprende de necesidades que se
experimentan, se sienten y se reconocen, consciente o inconsciente-
mente. Partiendo, pues, de la necesidad sentida, se procede a hacer
un diagnóstico de la misma, se buscan las posibles soluciones, y se
termina con una prescripción para la solución o remedio del problema.

6.43   Perry menciona tres clases de problemas que pueden ser ampliamente discutidos en el modelo en cuestión: (1) Problemas de
hechos, tales como: ¿Qué es el cristianismo?   (2) Problemas de
valor. Ejemplo: ¿Es la honestidad la virtud más importante en las
relaciones humanas? (3) Problemas de *política:* ¿Qué debe hacerse
para la promoción de un programa misionero dinámico en la iglesia
local? [3]

6.44   En la estructura de este patrón sermonario, el *asunto* es el
problema que se desea investigar. El *tema* gira en torno a la

respuesta de Dios al problema de la culpa. La *proposición* consiste en una declaración sobre la necesidad de hallar una o varias soluciones, remedios o respuestas al problema en discusión.

6.45 En la estructura de investigación problemática, la *palabra clave* está casi siempre limitada por el proceso de investigación, ya que los puntos principales responden a varias interrogantes y no a una sola. La *proposición* deberá ser seguida por una *oración transicional.* La misma consiste en una declaración sobre el procedimiento que se espera seguir y el propósito de la investigación.

Las *divisiones principales* pueden ser tres o cuatro. Si se desea dividir el sermón en tres partes, éstas podrían ser: (1) La *naturaleza del problema;* (2) *soluciones extra bíblicas propuestas, y* (3) *la solución bíblica.* El sermón también podría dividirse en cuatro secciones, a saber: *(1) la naturaleza del problema; (2) la realidad del problema; (3) las soluciones extra bíblicas propuestas (o la perspectiva de los expertos), y (4) la manera cómo la Biblia enfoca el problema.*[4] Las divisiones principales pueden ser formuladas en forma declarativa o interrogativa. Si se sigue el procedimiento de los tres puntos, es necesario que en la introducción se trate la importancia y vigencia del problema en el mundo contemporáneo.

La *introducción* del sermón de investigación problematica, dice Perry, *"deberá establecer la necesidad de descubrir una solución , remedio o respuesta al problema.*[5] Deberá también hacer hincapié sobre la presencia del problema en la experiencia diaria de la congregación".[6] En cuanto a la *conclusión,* ésta *deberá resumir y reafirmar las subdivisiones de la última sección.* Todos los otros elementos estructurales del sermón de investigación problemática son idénticos a los del modelo básico.

6.46 Ejemplo de un sermón de investigación problemática basado en el problema existencial del hombre moderno.

El problema del hombre contemporáneo

Intr.   *Ya no nos sorprendemos cuando oímos hablar sobre la tremenda crisis moral y espiritual por la cual atraviesa la sociedad moderna.*

   1. La desintegración de la familia, el incremento en

el uso de drogas sicodélicas, la crisis generacional, la opresión y la injusticia política y económica, la relativización de todos los valores morales, especialmente en cuanto a la ética sexual, son evidencia clara de una situación caótica en la sociedad contemporánea.

2. *Esta crisis por la cual pasa el mundo moderno es en parte producto del problema que enfrentan sus habitantes.*

    (1) *Es el hombre quien ha creado un mundo en crisis, y ello porque él se encuentra en serias dificultades.*

[Prop.] (2) *Para que haya paz, justicia y cumplimiento existencial, es esencial que el hombre encuentre una solución para su problema existencial.*

[O.T.]   *—Consideremos este problema a la luz de la experiencia diaria y de la Palabra de Dios.*

I.   *La naturaleza del problema.*

    1. *Incertidumbre.*

       (1) *Temor a la muerte.*
       (2) *Falta de propósito en la vida.*

    2. *Egocentrismo exagerado.*

    3. *Sentido de culpa.*
       —Se refleja en sus angustias y ansiedades.

II.   *La realidad del problema.*

    1. *Una sociedad desesperada.*

       (1) *Esclavizada al reloj.*
       (2) *Aterrada por la muerte.*

    2. *Una sociedad inmoral (ambigüedad ética).*
       (Ilu.) Caso de M. en Union Caribe.

    3. *Una sociedad injusta.*

       (Ilu.) Fuertes y débiles.

III. *La perspectiva de los expertos.*

    1. *El sicólogo.*

       (1) *Diagnóstico: La necesidad de conservación lleva*

al egocentrismo, y el temor de perder lo que se tiene lleva al temor del futuro (libertad). Esto crea una vida insegura ante la situación cambiante del mundo, y por ende, lleva a una ética "inmoral" en el sentido de inconsecuencia o ambivalencia.

(2) Prescripción: autoconocimiento y autoaceptación.

(3) Problema: el autoconocimiento lo confronta con la realidad ambivalente de su existencia (problema de fondo); no resuelve su problema ético (comportamiento con sus semejantes) ni la interrogante sobre la muerte.

(Ilu.) Joven en la U: "Estudio de la psicología me ha hecho más miserable".

2. El sociólogo.

(1) Diagnóstico: el hombre es como es por las estructuras socioeconómicas que lo domestican y lo deshumanizan.

(2) Prescripción: transformación y humanización de las estructuras.

(3) Problema: las estructuras son hijas de los hombres; la mera transformación de éstas no es suficiente; hay necesidad de un cambio total.

3. El educador.

(1) Diagnóstico: problema educativo (deshumanización educativa del hombre como resultado de la tecnología y la ciencia).

(2) Prescripción: humanización de la educación (consideración del educando como persona; énfasis en estudios humanísticos).

(3) Problema: cuando la educación se orienta hacia el educando como persona y hace hincapié sobre lo humanista acentúa la frustración al confrontarlo con las ambigüedades de la vida.

4. El religioso.

(1) Diagnóstico: declinación de la vida religiosa.

(2) Prescripción: cultivo de los valores religiosos en la la vida privada y social.

   (3) Problema: la religión es sólo un medio y no un fin; no tiene potestad para resolver el problema.

 IV. La perspectiva bíblica.

   1. Diagnóstico: causa no externa sino interna; corrupción espiritual.

    (1) El pecado ha afectado todas las dimensiones del hombre: su vida emocional , intelectual, corporal y social.

    (2) El pecado ha afectado (por causa del hombre) a toda la creación (Ro. 8:21).

    (3) El pecado ha afectado las relaciones entre el hombre y Dios, fuente de la vida (Ro. 3:23).

   2. Prescripción: Jesucristo y su evangelio (Jn. 1:29).

   3. Resultado: Vida en abundancia (Jn. 10:7-10).

 Concl. *El hombre moderno es en verdad un ser en crisis existencial, pero no porque sea víctima de deficiencias sicológicas, sociales, educativas o aun religiosas.*

   1. Su problema es más bien de carácter teológico; se trata de una relación quebrantada y de una orientación existencial distorsionada.

   2. Sólo Jesucristo, Dios hecho hombre, muerto, sepultado y resucitado, puede cambiar nuestra orientación, reconciliarnos con aquél que es fuente de toda vida y encausarnos en el camino hacia un mundo mejor.

6.5 El modelo ilustrativo

6.51 Una de las características más interesantes de la Biblia es la inmensa cantidad de material narrativo que enriquece sus páginas y que ayuda a clarificar muchas de sus enseñanzas. El modelo en cuestión tiene como fin proveer el canal estructural para el uso eficaz de ese rico material ilustrativo en la comunicación de principios teológicos. Se trata de un patrón sermonario cuyas ideas principales giran en torno a ilustraciones de una gran verdad bíblica. Las ilustraciones, por supuesto, no tienen necesariamente que limitarse al material bíblico. Pueden ser ilustraciones de actualidad, siempre y cuando ayuden a clarificar la verdad en cuestión. Sin embargo, el uso de ilustraciones bíblicas no sólo tiene la ventaja de ilustrar, sino también de familiarizar a la congregación con los grandes sucesos en la historia de la salvación.

6.52 Consideremos los rasgos distintivos de este modelo. Tanto el *asunto* como el *tema* del modelo ilustrativo son semejantes al del modelo básico, *con la excepción de que se desprenden de una frase o versículo bíblico.* El asunto es, pues, el área general indicada por la frase o el versículo que va a ser ilustrado. Por ejemplo, si se fuera a explicar la expresión paulina "regocijaos en el Señor", el asunto sería *gozo.* Si fuera "buscad primeramente el reino de Dios", el asunto sería *el reino.* El tema es el aspecto particular del asunto que ha de ser recalcado a través del sermón. El tema define el principio bíblico expresado en la frase o versículo que va a ser ilustrado. Es así como los dos asuntos referidos arriba podrían tener como temas respectivos: *el gozo continuo* y *la prioridad del reino.*

6.53 La *proposición* del sermón ilustrativo *relaciona la frase que va a ser ilustrada con el tema del sermón.* Por ejemplo: *La expresión de Jesús "buscad primeramente el reino de Dios y su justicia" da por sentada la prioridad que debe tener la búsqueda del reino en la vida de los hombres.* La oración transicional relaciona la proposición con *la palabra clave,* la cual está limitada a ilustraciones o ejemplos, *y anuncia el proceso ilustrativo que se ha de seguir.* Ejemplo: *Consideremos algunos ejemplos que el mismo Señor nos presenta en el Evangelio de Lucas los cuales ilustran la verdad expresada en esta frase.*

6.54 Cada *idea principal* del modelo ilustrativo *deberá ser una ilustración del tema.* Además, deberá ser estructurada en tal forma que incluya la esencia de la proposición y la ilustración específica que va a ser elaborada. Deberá también identificar la cita bíblica de la ilustración cuando ésta sea una ilustración bíblica. Ejemplo:

> *La prioridad que debe dársele a la búsqueda del reino de Dios es evidente en la experiencia de un joven que deseando participar de los beneficios del reino no estuvo dispuesto a cumplir con las exigencias (Lc. 18:18-23).*

6.55   Las *subdivisiones* siguen el estilo narrativo, pero aplicando la esencia de la ilustración a la vida cotidiana de los oyentes en la última subdivisión.   Todas las aplicaciones son luego unificadas y resumidas en la *conclusión.*   La *introducción* es más o menos similar a la de los otros modelos.   Sin embargo, dada la naturaleza del sermón, el predicador deberá tener presentes dos aspectos importantes: (1) *el acercamiento,* y (2) *el contexto bíblico.*   La manera más eficaz de combinar estos dos aspectos es tomar como punto de partida la palabra provocativa de la proposición, analizarla a la luz de la experiencia de la congregación y relacionarla con el contexto bíblico.

6.56   Una última palabrita en cuanto a la estructura del modelo ilustrativo.   Puesto que todos los puntos principales consisten en ilustraciones, no es muy saludable usar anécdotas adicionales en el cuerpo del sermón.

6.57   Ejemplo de un sermón ilustrativo basado en la expresión de Jesús "buscad primeramente el reino de Dios y su justicia" (Mt. 6:33).

En busca del reino
(Mt. 6:33)

Intr.   *Vivimos en una época de búsqueda e investigación.*

    1.   *Este es un fenómeno que se da no sólo al nivel de la ciencia y la tecnología, sino también, y muy especialmente, al nivel ético-cultural.*
       —Movimientos éticoculturales de nuestro tiempo.

    2.   *En un mundo en busca de nuevos estilos de vida, la frase célebre de nuestro Señor "buscad primeramente el reino de Dios y su justicia" cobra suma importancia.*

       (1)   El reino de Dios es precisamente un nuevo orden de vida que irrumpe en la existencia humana para liberarla de la apatía, el pesimismo y la incoherencia, y encausarla en el camino de la integración, el amor y la paz.

       (2)   El reino de Dios es una realidad futura que comienza a vislumbrarse en Jesucristo, quien

por medio de la fe se convierte en nuestro
Rey soberano y nos transforma de gloria
en gloria (2 Co. 3:18).

3. El reino de Dios no es, sin embargo, una mera opción ético-cultural que se le presenta al hombre entre muchas otras.

    (1) Es más bien una necesidad imperante en la vida de la humanidad.

    (2) De ahí la importancia de buscarlo primeramente, antes que cualquier otra cosa.
    —La expresión de Jesús "buscad primeramente el reino de Dios y su justicia" da, pues, por sentada la prioridad que debe dársele a la búsqueda del mismo.
    —Consideremos algunos ejemplos que el mismo Señor nos presenta en el Evangelio de Lucas los cuales ilustran la verdad expresada en esta frase.

I. La prioridad que debe dársele a la búsqueda del reino de Dios es evidente en la experiencia de un joven que deseando participar de los beneficios del reino no estuvo dispuesto a cumplir con las exigencias (Lc. 18: 18-23).

    1. *Un joven desorientado, en busca de "vida" eterna.*
        v. 18.

    2. *Un joven ambivalente, dispuesto a gozar de los frutos del reino, pero no a buscarlo con el corazón.*
        v. 23.

    3. *Un joven prototipo del hombre del siglo XX.*
        (1) *Deseoso de gozar de los beneficios del reino.*
        (2) *Indispuesto a buscarlo con el corazón*
        (Is. 55.6, 7).

II. La prioridad que debe dársele a la búsqueda del reino de Dios es evidente en la experiencia de un comerciante que sólo se ocupó de sus bienes materiales (Lc. 12:16-20).

    1. *Un gran comerciante. v. 16.*
    2. *Un mal calculador. vv. 17-20.*
    3. *Una gran lección. Mr. 8:36.*

III. La prioridad que debe dársele a la búsqueda del reino de Dios es evidente en las experiencias contrastantes del rico y Lázaro. (Lc. 16: 19-31).

1. *Ambos tuvieron una misma oportunidad. vv. 19, 20.*

2. *Ambos murieron y fueron recompensados. vv. 22-24.*

3. *Ambos nos confrontan con la realidad de nuestra vida.*

(1) *Todos tenemos una misma oportunidad de buscar el reino de Dios y su justicia, pero no todos la aprovechamos.*

(2) *Todos seremos recompensados, pero no todos recibiremos lo mismo.*

Concl. *"Buscad primeramente el reino de Dios y su justicia...".*

1. *Buscarlo de todo corazón.*

2. *Buscarlo antes que oscurezca el sol y pidan tu alma.*

3. *Buscarlo consciente de que aunque todos serán recompensados, no todos recibirán lo mismo.*

6.6. El modelo implicativo

6.61 La última variante en el arreglo sermonario que consideraremos en este capítulo es aquella que examina *las inferencias de uno o dos versículos bíblicos con el fin de imprimirlos y clarificarlos en la mente de la congregación.* El *asunto* consiste en el texto que se ha de exponer. El *tema* le agrega al asunto la *palabra clave*, que se limita a inferencias o implicaciones. La *proposición* abarca el asunto, la palabra clave y el propósito de la exposición del texto. La *oración transicional* establece un puente entre la proposición y el cuerpo del sermón. Las *divisiones principales* deberán ser inferencias directas o indirectas del texto. *Inferencias directas* son aquellas que se derivan directamente de las palabras propias del texto. *Inferencias indirectas* son las que se deducen lógicamente del texto. Los otros elementos estructurales no cambian en el modelo en cuestión.

6.62 Ejemplo de un sermón implicativo basado en Prov. 29:18.

Sin profecía el pueblo se desenfrena (Pr. 29:18)

Intr. *Se ha dicho muy acertadamente que el libro de Proverbios es la perla ética del Antiguo Testamento.*

1.   *Proverbios pertenece a la literatura poética del AT.*

    (1)   Es un libro que sobresale por sus enseñanzas breves, prácticas y sencillas.

    (2)   Una de éstas la encontramos en el cap. 29:18: "Sin profecía, el pueblo se desenfrena".

2.   *Este versículo nos confronta con uno de los aspectos más importantes de la misión del pueblo de Dios: el aspecto profético.*

    (1)   En la Biblia la profecía es la revelación o palabra de Dios.

    (2)   Es el medio a través del cual Dios orienta, guía e instruye al pueblo; frena al desenfrenado; sin ella hay confusión.

    (3)   Por consiguiente, la iglesia es llamada a ser un pueblo profético (1 P. 2:9, 10).

3.   *Hay en el texto delante de nosotros una serie de inferencias que acentúan el imperativo profético de la iglesia.*

    —*Consideremos estas inferencias a la luz de la situación existencial de la iglesia.*

I.   *Implica una realidad caótica en el mundo. "Sin profecía... se desenfrena".*

1.   *El significado de la palabra "desenfrena".*

    (1)   Vox - desmandarse; entregarse a los vicios y la maldad.

    (2)   Pablo - mente reprobada que hace cosas que no convienen; una mente sin rumbo, confusa, que no tiene dirección positiva (Ro. 1:28).

    (Ilu.) La brújula que no tiene rumbo.

2.   *Dos posibles razones para la ausencia de la profecía en un pueblo.*

    (1)   Rebeldía de parte de ese pueblo hacia la profecía; caso en Ro. 1:28.

    (2)   Falta de profecía en el pueblo en el sentido literal (Ro. 10:13, 14a).

3.   *Esa es una realidad muy característica de la época moderna.*

—*Hoy más que nunca la gente se desenfrena; perece, a pesar de los grandes descubrimientos y del avance del evangelio.*

    (1)   *Algunos perecen porque rechazan la revelación de Dios. "No aprobando tener en cuenta a Dios".*

    (2)   *Otros perecen porque sencillamente no han oído el mensaje de Dios.*

II.   Implica una necesidad apremiante de profetas en el mundo. *"Sin profecía".*

    1.   *¿A qué se debe esa necesidad?*
        —Al hecho de que los profetas son los portavoces de la Palabra salvífica de Dios (Ro. 10: 14b y c).

    2.   *¿Quiénes son los profetas?*
        —Los que tienen el don de la profecía.

        (1)   *El profeta en el NT no es meramente uno que predice el futuro, sino uno que anuncia la Palabra de Dios.*
            —Distinción del oficio y la función profética.

        (2)   *El profeta, como proclamador de la Palabra de Dios, es aquel que siendo poseedor del evangelio, es llamado a dispensar preeminentemente el evangelio.*

    3.   *¿Eres tú un profeta?*
        —Si has participado del evangelio, sí lo eres.

    4.   *¿Estás cumpliendo con tu función profética?*
        (Ilu.) Caso de Jonás.

Concl.   *"Sin profecía el pueblo se desenfrena".*

    1.   *El pueblo que no oye la Palabra, perece.*

    2.   *Ante tal situación, la iglesia no puede permanecer neutral.*

        (1)   *Porque existe para otros y su naturaleza se hace manifiesta en la medida en que demuestra su sensibilidad a esa realidad caótica en que vive el mundo.*

        (2)   *Porque ha sido cargada con un imperativo profético.*

6.7 Ejercicios mentales y homiléticos

6.71 ¿Cómo llama el autor al modelo sermonario explicado en los capítulos IV y V? ¿Por qué? (Cp 6.01).

6.72 ¿Puede el predicador contemporáneo darse el lujo de no variar sus sermones? ¿Por qué sí, o por qué no?

6.73 ¿En qué difiere el modelo analógico, explicado en la sección 6.1 del modelo explicado en los capítulos IV, V?

6.74 Siguiendo las observaciones hechas en la sección 6.13 y el formato para un bosquejo final sugerido en la sección 5.5 del capítulo anterior, prepare un sermón analógico basado en una de las analogías bíblicas (cp. 6.12).

6.75 Piense en las múltiples palabras teológicas que suelen usarse en el vocabulario diario de los cristianos. Anote por lo menos cinco que en su opinión muchos cristianos usan sin saber su significado. De esas cinco escoja una que pueda servir como base para un sermón etimológico (cp. 6.21) y con la ayuda de un diccionario de vocabulario teológico, léxico o concordancia bíblica que dé los diferentes usos de las palabras anote tres o cuatro posibles significados con sus respectivas referencias bíblicas (cp. 6.23, 6.24). Con esta información, proceda ahora a preparar un sermón etimológico siguiendo el formato para el bosquejo final explicado en el capítulo anterior (cp. 5.5; 6.2).

6.76 Haga una lista de doctrinas bíblicas y conceptos éticos que deberían explicarse desde el púlpito. Haga otra lista de un número selecto de personajes bíblicos y milagros del Antiguo y Nuevo Testamento con sus respectivas referencias bíblicas que en su opinión tienen posibilidades sermonarias. De las antedichas listas, escoja ahora una doctrina bíblica, un concepto ético, un personaje o un milagro y prepare un sermón analítico (cp. 6.3), siguiendo, por supuesto, el formato sugerido en la sección 5.5.

6.77 Piense en la iglesia donde sirve actualmente. Haga una lista de 10 problemas que agobian a dicha congregación y que debieran ser discutidos desde el púlpito (cp. 6:41; p. 111).

6.78 ¿Sobre qué proceso se basa el modelo de investigación problemática (cp. 6.42).

6.79 De acuerdo con Perry, cuáles son las tres clases de problemas que pueden ser ampliamente discutidos en el sermón de investigación problemática? (cp. 6.43).

6.7.10 Siguiendo lo explicado en las secciones 6.44 y 6.45 e ilustrado en la sección 6.46, escoja uno de los 10 problemas anotados arriba y elabore un sermón de investigación problemático. (Tome en cuenta también el formato sugerido en la sección 5.5).

6.7.11 Sin contar los textos mencionados en las secciones 6.52 y 6.53 haga una lista de 10 textos (versículos) bíblicos. De estos, escoja uno. Determine su asunto y tema y anote debajo de cada uno tres ilustraciones que podrían servir de ideas principales para la explicación del texto. Termine ahora de elaborar un sermón ilustrativo de acuerdo con el formato sugerido (cp. 5.5).

6.7.12 De la misma lista preparada en la pregunta anterior, escoja *otro* texto y anote tres o cuatro implicaciones implícitas en el mismo. Construya ahora un sermón Implicativo (cp. 6.62) siguiendo el ejemplo que aparece en la sección 6.62 y el formato sugerido (cp. 5.5).

Notas

[1] Perry, *op. cit.*; *Biblical Sermon Guide* (Grand Rapids: Baker, 1970). De aquí en adelante, toda referencia al primero se identificará por *Manual* y toda referencia al segundo por *Guide*.

[2] Para los que leen inglés recomiendo dos obras básicas: Robert Young, *Analytical Concordance to the Bible* (Grand Rapids: Eerdmans, s.f.); W. F. Arendt y F. W. Gingrich, *A Greek-English Lexicon of the New Testament and Other Early Christian Literature* (Chicago: U. of Chicago Press, 1957). En español recomiendo las siguientes obras: Haag, Born y Ausejo, *Diccionario de la Biblia* (Barcelona: Herder, 1963); Francesco Spadaforo, *Diccionario Bíblico* (Barcelona: Editorial Litúrgica Española, 1959); Johannes B. Bauer, *Diccionario de teología bíblica* (Barcelona: Herder, 1967). Jean-Jacques von Allmen, *Vocabulario bíblico* (Madrid: Morova, 1969). Xavier León-Dufour, *Vocabulario de teología bíblica* (Barcelona: Hesdes, 1967).

[3] Perry, *Guide*, p. 51ss.

[4] *Ibid.*, p. 53.

[5] Lo que aparece en Itálica es mío.

[6] *Ibid.*

CAPITULO 7

CLASES DE SERMONES

7.0 El problema de la clasificación

7.01 El sermón no sólo tiene infinitas posibilidades estructurales,
sino genéricas. Es decir, puede ser clasificado de acuerdo con
diferentes categorías. La consideración de dichas categorías es
importante porque ayuda al predicador a descubrir las inmensas
posibilidades disponibles para la elaboración de sermones eficaces. La
clasificación de sermones puede ser una ayuda indispensable en la ardua
tarea de descubrir ideas y material pertinente en el proceso de la construcción sermonaria.

7.02 Hay que reconocer, sin embargo, que si bien es cierto que la
clasificación es de suma importancia en la preparación de sermones, es
también muy difícil. Existen tantas posibilidades de clasificación que
cada nueva cateogría que se descubre tiene carácter tentativo y relativo.
Antes de darse a conocer puede ser reemplazada por otra más eficaz,
o por lo menos igual. Lo que quiere decir que todo intento de clasificación sermonaria tiene que hacerse sin pretensiones absolutas, totales
o exhaustivas. La clasificación que se intentará hacer en este capítulo
tiene, pues, un carácter general y tentativo. Se trata de un acercamiento múltiple, es decir, desde varios puntos de vista, con algunos
apuntes descriptivos e informativos sobre los tipos de sermones
clasificados y los recursos disponibles para su elaboración

7.1 Sermones clasificados por su propósito general

7.11 *Sermones kerygmáticos* (o evangelizadores). Son *aquellos que anuncian el mensaje de salvación a los que todavía no lo han recibido.* Tienen como finalidad anunciar el evangelio en tal forma que el hombre sea confrontado con la realidad de su vida y del hecho de Cristo, y sea persuadido por el Espíritu Santo a arrepentirse (o cambiar su modo de actuar) y confesar a Jesucristo como Salvador y Señor.

7.11.1 El Nuevo Testamento está repleto de esta clase de sermones. Es un hecho que la mayor parte de los sermones que se hallan en el Nuevo Testamento son de carácter kerygmático, como bien nos enseñó C. H. Dodd en su obra excepcional, *La predicación apostólica.*[1] Algunos de los sermones evangelísticos más destacados del Nuevo Testamento son:

> El sermón de Pedro el día de Pentecostés
> (Hch. 2:14-40)
> El sermón de Pedro en el pórtico de Salomón
> (Hch. 3:12-26)
> El sermón de Esteban ante el Concilio (Sanedrín)
> (Hch. 7:2-53)
> El sermón de Felipe al etíope eunuco
> (Hch. 8:26-40)
> El sermón de Pedro a Cornelio
> (Hch. 10:34-43)
> El sermón de Pablo en la sinagoga de Antioquía de Pisidia
> (Hch. 13:16-41)
> El sermón de Pablo en el Areópago
> (Hch. 17:22-34)
> El sermón de Pablo ante la multitud de Jerusalén
> (Hch. 22: 1-21)
> El sermón de Pablo ante Félix
> (Hch. 24:25)
> El sermón de Pablo ante Agripa
> (Hch. 26:1-29)

7.11.2 En su obra, *La gran minoría,* Leighton Ford, hace un análisis de la predicación evangelizadora a la luz del sermón de Pedro el día de Pentecostés y señala cuatro rasgos distintivos de este sermón que bien pueden universalizarse como características de todo sermón evangelizador.

(1) Recurrió a las Escrituras como autoritativas.

(2) Se centró en Jesucristo. (3) Produjo convicción y preocupación en los oyentes. (4) Exigió una respuesta inmediata y concreta.[2]

7.11.3 Crane también señala cuatro características esenciales del sermón evangelizador, pero en una forma más peculiar. Para Crane, el sermón evangelizador es aquel que declara, en primer lugar, "el hecho de la condición perdida del hombre natural". En segundo lugar, gira en torno a la persona y obra de Cristo. La "predicación evangelizadora proclama los hechos verídicos de la obra redentora de Cristo e interpreta el significado de ellos". Además, "pregona...cuáles son las condiciones de acuerdo con las cuales el hombre puede obtener beneficio de la obra perfecta cumplida del Salvador". Sobre todo, el sermón evangelizador se caracteriza por su insistencia en la profesión pública de fe en Cristo Jesús.[3]

7.11.4 Resumiendo el pensamiento de estos dos autores, se podría decir que el sermón evangelizador es aquel que presenta a Jesucristo como Salvador y Señor; que confronta al hombre con su estado de alienación, con su necesidad de reconciliación con Dios, con su prójimo, y consigo mismo y con la posibilidad de una nueva vida por medio de la fe en Jesucristo; que invita al hombre a dar el paso que lo une a la comunidad de fe, y le enseña cómo darlo; y que se basa en la autoridad de las Sagradas Escrituras.

7.11.5 Además, el sermón evangelizador debe tener las siguientes características prácticas.

1. *Debe ser interesante,* ya que el auditorio al cual va dirigido es inconverso, y por tanto, ignora las verdades divinas. Ello requiere dos cosas: un contenido llamativo, sencillo y de actualidad, y una presentación atractiva, es decir, buen estilo y libertad retórica.[4]

2. *Debe ser conciso.* No debe excederse de treinta minutos. Son muchos los buenos sermones evangelizadores que se arruinan por ser demasiado extensos. Debe tenerse presente que después de media hora, el oyente comienza sicológicamente a alejarse del predicador.

3. *Debe ser directo y personal,* de modo que los oyentes

puedan sentir que se les está hablando personalmente. Hay que recordar que Dios es un Dios de personas y no de masas.

4. *Debe tener suficientes ilustraciones* para hacer el contenido claro y sencillo.

5. *Debe ir acompañado de un buen devocional.* La música debe ser movida, con un ritmo ligero. Las lecturas devocionales deben ser breves y concisas. El devocional no debe exceder de veinticinco minutos.

6. *Debe culminar con una sincera, reverente y persuasiva invitación.* Para ello, la atmósfera es imprescindible: un buen himno al órgano, un tono de voz conversacional, y una actitud de quietud y reverencia. Claro que lo dicho es relativo a las circunstancias culturales. Sin embargo, normalmente, son necesarios un ambiente quieto y saturado y una actitud de diálogo como condiciones favorables para una invitación eficaz.

7.11.6 El sermón evangelizador tiene a su disposición una variedad infinita de recursos bíblicos. Pasajes que narran incidentes dramáticos (tales como milagros), acontecimientos históricos determinantes (como, por ejemplo, la crucifixión), e incluso conversiones y sermones siempre han servido como base para el sermón evangelizador. Hay también porciones no narrativas de carácter doctrinal que tratan con la teología básica de la evangelización. En tercer lugar tenemos pasajes con frases cortas y sencillas pero poderosas que se enfocan en el *kerygma* sencillo. Además de los referidos recursos bíblicos, el predicador puede hacer uso de otros recursos extrabíblicos, tales como problemas existenciales (el mal, la angustia, la ansiedad, la muerte, la injusticia, etc.), sucesos de actualidad histórica (primer alunizaje, motines, descubrimientos científicos), la literatura secular, la ciencia, la música y el arte, como punto de partida en su preparación sermonaria evangelizadora.

7.12 *Sermones didácticos* (o doctrinales).

7.12.1 Son aquellos sermones de carácter nutritivo que procuran ampliar los horizontes de la congregación respecto de las grandes enseñanzas de la Biblia. En cierto sentido, los sermones kerygmáticos son también doctrinales porque tratan con la doctrina de la salvación. Se distinguen del sermón didáctico en el sentido de que aquéllos van dirigidos a inconversos y éste a creyentes.

7.12.2   Como he dicho, en el Nuevo Testamento hay una clase de predicación que se caracteriza por su naturaleza nutritiva.   Por ejemplo, el sermón de Jacobo ante el Concilio de Jerusalén (Hch. 15:13-21) es básicamente didáctico.   Muchas de las epístolas contienen si no en su totalidad, por lo menos en algunas partes , sermones doctrinales. Es así como los recursos más grandes para esta clase de sermón se encuentran en las Epístolas del Nuevo Testamento.

7.12.3   Hay que tener presente, sin embargo, que la doctrina no se halla solamente en el material bíblico-didáctico. De hecho, muchas de las narraciones bíblicas son básicamente interpretaciones teológicas de la actividad de Dios en la historia. Por ello, el material bíblico histórico tiene que ser considerado preeminentemente como recurso indispensable para la predicación doctrinal. De ahí mi afirmación previa en torno al propósito didáctico de la predicación, a saber, que la predicación doctrinal, abarca el desarrollo histórico del propósito salvífico de Dios: el llamamiento y fracaso de Israel, la redención, la iglesia y el reino.

7.12.4   Pero al hablar de la historia sagrada como fuente de recursos para la predicación doctrinal, también hay que apuntar la importancia de la historia de la iglesia.   Los casi veinte siglos de historia cristiana, contienen toda una mina de riqueza doctrinal que no puede ser ignorada.   La historia del pensamiento teológico sirve no sólo como punto de partida para el estudio del mensaje doctrinal de la Biblia, sino como herencia teológica digna de ser estudiada, expuesta y aplicada. Representa la interpretación que la iglesia le ha dado al mensaje bíblico a través de los años, y por tanto, en el caso de documentos universales tales como el Credo de los Apóstoles, el consenso histórico de la iglesia sobre los fundamentos de la fe cristiana. De ahí que en la preparación de sermones doctrinales el predicador deba preocuparse por compartir esas grandes enseñanzas teológicas de la iglesia.

7.12.5   Es importante recalcar el hecho de que el sermón doctrinal no es una conferencia teológica. Antes bien, es la exposición de una doctrina bíblico-teológica aplicada a las necesidades humanas. Por tanto, todo sermón doctrinal debe ser claro y sencillo. Para poder alcanzar esa claridad y sencillez, el predicador deberá usar suficientes ilustraciones, un vocabulario familiar y pensamientos fáciles de captar.

7.12.6 El sermón doctrinal debe ser de enfoque positivo. Como bien dice Crane:

> Debe hacer hincapié en la verdad y no en el error.
> La práctica contraria a menudo resulta contra-
> producente porque da una importancia desmedida
> al error y porque desafía una ley mental importante,
> a saber: que las primeras impresiones son frecuente-
> mente las más duraderas.[5]

7.12.7 El modelo estructural analítico es ideal para el sermón doctrinal porque éste, como indicamos en el capítulo anterior, permite el análisis general y comprensivo de una doctrina y porque tiene como objetivo principal la enseñanza. Será sabio recordar, sin embargo, que aunque la estructura analítica se presta para esta clase de sermón, las otras estructuras pueden ser usadas, en ciertos casos, en la predicación doctrinal. El criterio final deberá depender del propósito comunicativo, el material bíblico-teológico y la frecuencia con que uno haya empleado una estructura dada en su programa de predicación.

7.13 *Sermones pastorales* (devocionales, emotivos, sicopastorales).

7.13.1 Estos son *sermones de carácter inspirador, orientador, confortador, o de desafío.* Tienen como objetivo ayudar a los oyentes a enfrentarse con las crisis de la vida desde la perspectiva de Dios y su Palabra. Por tanto, son preeminentemente de relación en el sentido de que enfocan las crisis intrapersonales, sociales, o espirituales (de alienación con Dios) de los creyentes.

7.13.2 Los salmos y proverbios constituyen los recursos bíblicos por excelencia para esta clase de predicación. Son también abundantes los pasajes éticos del Nuevo Testamento, por ejemplo, el Sermón del Monte, la Epístola de Santiago, Romanos 12, etc., y los relatos biográficos.

7.13.3 Normalmente esta clase de sermones requiere un estilo retórico conversacional con ilustraciones de actualidad. El predicador debe encontrarse con la congregación en el terreno de ésta. Por tanto, debe buscar un punto de partida interesante (preferiblemente

un problema, expresado en forma práctica, o una anécdota interesante). En cuanto a estructura, es recomendable usar los modelos
básico y problemático.

7.13.4 Esta clase de sermones debe ocupar un lugar prominente en
el programa de predicación de todo pastor. Primero, porque representa el área más crítica de la problemática de la vida cristiana. La
preocupación de la mayoría de los cristianos en nuestra época no
es tanto de carácter intelectual, es decir, una preocupación por conocer
el contenido teológico de la fe, sino de carácter emocional, espiritual,
o ético. Los cristianos de hoy están preocupados por problemas de
culpa (tanto al nivel intrapersonal, como social y espiritual), por
cómo ser cristianos en un mundo secular y, lo que es más serio aún,
por cómo enfrentarse a las ambigüedades de su existencia y de la
historia contemporánea. En segundo lugar, la predicación pastoral
debe ocupar un lugar clave en el programa homilético del pastor
porque ésta es una de las funciones principales del pastor. En el
sentido bíblico el pastor es uno que cuida, guía y sirve con propósito. Para poder ser fiel a esta responsabilidad, sus sermones deben
dirigirse con frecuencia a esas múltiples crisis de la vida que afectan la
vida personal de su feligresía, y por consiguiente, su vida social y espiritual.

7.2 Sermones clasificados por su contenido

7.20 Tradicionalmente se ha pensado en una triple categoría de
clasificación de sermones de acuerdo con su contenido, a saber:
sermones de asunto, textuales y expositivos. Dicha clasificación,
no obstante, deja mucho que desear por el traslape que existe entre
el sermón textual y el expositivo y por lo relativo que es el término
expositivo. Un sermón de asunto, por ejemplo, es también expositivo porque expone alguna verdad bíblica. De igual modo, un
sermón textual puede ser expositivo porque expone un texto. En
cambio, un sermón expositivo puede conceptuarse como textual porque
se basa en un texto bíblico (dos o más versículos bíblicos), o como sermón de asunto, porque es la exposición de un asunto desglosado en un
tema. Esta ambigüedad lingüística me ha llevado a rechazar esa triple
categoría como una opción viable para la clasificación de sermones
por su contenido. He optado más bien por una doble categoría que
distingue aquellos sermones que se desprenden directamente de pasajes bíblicos de aquellos que se desprenden de fuentes extrabíblicas.

7.21 *Sermones que se desprenden directamente de pasajes bíblicos.*

7.21.0 La mejor clasificación de estos sermones la encontramos en el *Manual* de Perry.[6] Lo que sigue será, pues, una adaptación muy selectiva del trabajo de mi viejo maestro. Perry clasifica los sermones que se desprenden directamente de pasajes bíblicos en cinco sub-categorías. En mi adaptación los limito a cuatro, ya que en mi opinión la quinta subcategoría de Perry (la profética) se traslapa con la tercera.[7]

7.21.1 *Sermones biográficos.*

7.21.11 Estos son los que toman como base la vida de algún personaje bíblico, con el fin de aplicar ciertas lecciones espirituales de dicho personaje a la vida diaria de la congregación. La predicación biográfica trata con los problemas de los miembros de una congregación a través de los hechos relacionados con la vida de personajes bíblicos.

7.21.12 El sermón biográfico ha sido siempre uno de los tipos más populares. Como bien dice Blackwood: El sermón biográfico, no importa cuál sea su forma, despierta el interés en grandes y chicos, "ya que interesa a su imaginación y a sus impulsos motores, lo eleva fuera de sí mismo y lo induce a tomar la determinación de ser la clase de hombre que Dios quiere que sea".[8] Además, es un medio eficaz de demostrar la vigencia contemporánea de la Biblia, por cuanto presenta personas reales que se enfrentaron a situaciones reales y en cuyas vidas y problemas Dios tuvo un interés personal. El predicador tiene la oportunidad de correlacionar las experiencias de esos personajes con experiencias semejantes ocurridas en la vida de los miembros de su congregación.

7.21.13 El material bíblico disponible para la predicación bíblica es literalmente inexhaustible. Por ejemplo, hay aproximadamente 2,930 diferentes personajes bíblicos, entre los cuales hay no menos de treinta Zacarías, veinte Natanaeles y quince Jonatanes.[9] Por ello, se hace necesario que el predicador investigue bien el trasfondo del personaje sobre el cual ha de predicar. ¿Qué significado especial tiene su nombre? ¿Cuál es su trasfondo familiar? ¿Pasó por alguna crisis secular o religiosa significativa? ¿Qué clase de amistades tenía? ¿Qué faltas y fracasos tuvo? ¿Qué contribuciones hizo durante su vida y qué influencia ejerció después de su muerte? ¿Cuál es la lección principal que se puede sacar de su vida?

7.21.14   Hay diferentes tipos de sermones biográficos.

1.   El más sencillo es el que hace un *esbozo del carácter del personaje* en cuestión.   Se basa en la información biográfica que ofrece la Escritura sobre el personaje de la cual se seleccionan las características más sobresalientes de su vida.   Se vale de la imaginación y se destaca la vida íntima del personaje.

2.   Otro tipo de sermón biográfico es el que se basa en una *característica particular, aspecto o principio en la vida del personaje.* Este tipo de sermón se presta para el uso de la estructura ilustrativa, pues puede desarrollarse por medio de diferentes episodios, en la vida del personaje, que ilustren el referido principio.

3.   El sermón biográfico puede también hacer hincapié sobre las *contribuciones individuales del personaje.*   Es decir, se enfatiza no el personaje mismo sino lo que hizo.   Es un tipo de sermón que se presta para estimular el interés en áreas particulares, tales como la evangelización, la política o la literatura.

4.   En cuarto lugar, está el tipo de sermón biográfico que se basa en un *incidente interesante* en la vida del personaje.   Es un sermón que se presta para hacer relucir porciones bíblicas abandonadas, o consideradas por muchos como insignificantes.   Se presta para la novedad y la imaginación, pero también para la correlación con problemas vitales de la congregación.

5.   *La experiencia familiar* constituye otro tipo de sermón biográfico.   Se trata de un sermón cuya base bíblica narra una experiencia común en la vida de toda familia, el nacimiento de un niño, una boda, un funeral, una crisis familiar y otras experiencias de relaciones familiares.

7.21.15   Para la preparación del sermón biográfico el predicador debe tener a la mano por lo menos tres herramientas básicas.   La primera es un buen diccionario bíblico.   Normalmente tendrá por lo menos un artículo sobre el personaje sobre el cual se quiere predicar. Segundo, una buena colección de biografías de los grandes hombres del pasado.   La lectura sistemática de libros biográficos estimula la imaginación y ayuda en el proceso de correlacionar las experiencias de los personajes bíblicos con los miembros de la congregación.

Finalmente, el predicador deberá tener a la mano *todo* el material bíblico sobre el personaje. Aquí podrían servir de ayuda varias Biblias viejas de las cuales se pudieran recortar todos los pasajes que tratan con el personaje. Por ese medio se puede hacer un album cronológico para el archivo personal del predicador. Ese album será de gran valor no sólo en la preparación de ese sermón particular, sino de otros sermones que el predicador desee predicar sobre el mismo personaje.

7.21.2 *Sermones históricos.*

7.21.21 En cierto sentido son similares a los biográficos, con la excepción de que abarcan un área más grande. Tratan con el progreso de una nación, un grupo de personas, un conjunto de creencias o ideologías, o las características de una época particular.

7.21.22 El sermón histórico ejerce una función determinante en el desarrollo teológico de los laicos porque los familiariza con el desarrollo de la historia de Israel, tan importante en la teología, tanto del Antiguo como del Nuevo Testamento. Además, al hacer hincapié sobre porciones bíblicas aparentemente irrelevantes, hace relucir no sólo la vigencia de toda la Escritura, sino también la manera cómo Dios se relaciona con los hombres en las circunstancias particulares y en medio del interés y preocupación por el desenvolvimiento de los pueblos. De este interés que Dios muestra por los pueblos de antaño se deduce su interés particular por las naciones, las ciudades y las iglesias de hogaño.

7.21.23 Hay varios tipos de sermones históricos.

1. Por ejemplo, está el sermón que da un *panorama amplio de un período histórico*, tal como él peregrinaje de Israel por el desierto (40 años; Números) o la historia de la monarquía (Jue. 21:25--2 Cr. 36:20) o el silencio de los 400 años entre Malaquías y el N.T. El predicador deberá cuidarse de no caer en el peligro de la minucia. Para evitarlo, se le sugiere que seleccione un principio de vida o una característica amplia para todo el período histórico que desea abarcar. De aquí puede desarrollarse una buena proposición según los modelos básico, analítico, implicativo e ilustrativo. Lo más importante en esta clase de predicación es tener un buen conocimiento del contenido básico del período tratado.

2. El sermón histórico puede basarse también en un *punto*

cumbre de la historia, tal como la llegada del evangelio a Europa (Hch. 16: 1-6), el incidente de la torre de Babel (Gn. 11:1-9), o la experiencia pentecostal (Hch. 2). Al predicar sobre un suceso histórico significativo, el predicador debe procurar familiarizarse bien con todos los detalles del mismo. Acto seguido, deberá determinar la verdad central del incidente la cual se convertirá en la proposición del sermón. En este tipo de sermón se puede hacer uso de la estructura básica, analítica e implicativa.

3. También se pueden predicar sermones históricos basados en jornadas, batallas y puntos geográficos. Los sermones basados en *jornadas* normalmente giran en torno de una gran verdad que se hace evidente en la narración bíblica. Esa verdad puede ser ilustrada por diferentes episodios que se dan durante el viaje, analizada siguiendo el viaje paso a paso, o desarrollada por medio de una de las interrogantes que levanta la proposición del modelo básico. Este tipo de sermón se presta para el uso de ayudas audiovisuales.

4. Las *batallas* que la Biblia narra, ofrecen otra variante del sermón histórico. Sirven como base para el estudio del carácter de Dios manifestado en sus intervenciones en las luchas de Israel. El predicador deberá familiarizarse bien con las causas, los efectos y los diferentes aspectos de la batalla en sí. Como en los tipos anteriores, el predicador deberá seleccionar la verdad o enseñanza más destacada de la narración. El desarrollo de la misma puede seguir el modelo básico o analítico.

5. De gran valor sermonario son los diferentes *puntos geográficos* mencionados en las narraciones históricas tanto del Antiguo como del Nuevo Testamento. Lugares como Betel, el aposento alto, el Monte de los Olivos, el río Jordán, Cadesbarnea, Peniel, Sinaí, Belén, están cargados de simbolismo teológico. Por tanto, no sólo ayudan a la congregación a familiarizarse con los sucesos que se efectuaron en su medio, sino que ayudan en la comunicación de las grandes verdades teológicas asociadas con cada uno de ellos. Al predicar sobre un lugar geográfico, el predicador deberá estudiar bien la localización específica, el significado del nombre que se le ha dado y los sucesos relacionados con el mismo. El sermón se desprenderá de una enseñanza clave sobre el área en cuestión, y podrá desarrollarse por medio de ilustraciones e inferencias, o siguiendo el modelo básico.

7.21.3   *Sermones didácticos.*

7.21.31   Son sermones cuyo contenido bíblico (en esta sección) es de carácter didáctico. Por ejemplo: sermones doctrinales (Mt. 5-7), conversaciones didácticas (Lc. 24), parábolas (Mt. 13:3-8, 18-23), bienaventuranzas (Sal. 1:1), tipos (Melquisedec, Sal. 110; Heb. 5: 1-10; 7:1-28), doctrinas (la Resurrección, 1 Co. 15) y libros bíblicos. Cada uno de estos constituye una posible variante del sermón didáctico por su riqueza teológica y homilética.

7.21.32   A más de la referencia específica hecha a esta clase de material sermonario, al considerar el sermón con un propósito didáctico, y más generalmente en la discusión sobre el arreglo del sermón, baste decir que el material que comprende puede ajustarse a las diferentes estructuras sugeridas. Por ejemplo, para la predicación de sermones bíblicos y conversaciones didácticas se pueden usar los modelos básico, analítico o implicativo; para sermones basados en parábolas, el básico, el analógico o el implicativo; para bienaventuranzas, el básico o el implicativo; para la tipología bíblica, el modelo analógico o implicativo; para las grandes doctrinas de la Biblia, el básico o el analítico; y para sermones basados sobre un libro bíblico, los modelos básico, analítico e ilustrativo. Este último tipo de sermón es sumamente valioso bien como un sermón introductorio a una serie sobre un libro dado, o como una serie de sermones sobre una sección de la Biblia como, por ejemplo, los profetas menores.

7.21.4   *Sermones sobre experiencias sobresalientes.*

7.21.41   Bajo esta categoría se agrupan ciertos tipos de sermones que giran en torno de un acontecimiento determinante en la vida de una o más personas. Se incluyen bajo esta categoría los milagros registrados en la Escritura, conversiones, teofanías, avivamientos, escenas nocturnas y oraciones.

7.21.42   El sermón basado sobre un milagro tiene como objetivo la exaltación del Señor como omnipotente soberano del universo. Produce por una parte confianza y valor en la persona atribulada y desafía al creyente a tener más fe en su Dios. Es, pues, un sermón en el que se puede seguir el modelo básico o analítico. El predicador deberá cuidarse de no agregarle más al significado del milagro de lo que la Escritura enseña, y de ser práctico en la aplicación del mismo.

7.21.43   Las múltiples conversiones registradas en la Escritura, los avivamientos religiosos, las escenas nocturnas y las teofanías constituyen ricos recursos para los sermones experimentales. Como en el tipo sermonario anterior, se puede usar como modelo estructural, el básico o el analítico.   Sin embargo, las oraciones de la Biblia, que tienen también una mina de posibilidades homiléticas, pueden servir como base no sólo para sermones de estructura básica y análitica, sino también implicativa.   En cada caso el predicador deberá hacer un estudio minucioso del material bíblico, tomando como modelo el análisis bíblico sugerido en el capítulo III.

7.22   *Sermones que se desprenden directamente de fuentes extrabíblicas.*

7.22.1   Esta categoría da origen a una serie de sermones cuyo contenido gira en torno de asuntos fuera de la Biblia pero que tienen una íntima relación con el mensaje bíblico.   Su valor está en que relaciona el mensaje bíblico con la vida secular de tal manera que sirve de contacto para un diálogo con el mundo.   Transmite información útil al creyente en su contacto diario con el mundo, como parte del mismo y como embajador de Jesucristo.

7.22.2   Si estudiamos bien el contenido de la predicación apostólica y profética, podemos ver cuántas veces los apóstoles y los profetas enfocaban sus sermones desde esta perspectiva.   Un caso clásico es el sermón de Pablo en el Areópago donde usa como base un *altar al Dios no conocido* (Hch. 17.23).   Hay sin embargo, cientos de casos. Por ejemplo, Jeremías a quien Dios envía a predicar sermones basados en objetos visibles: el alfarero y su barro (Jer. 18), la vasija rota (Jer. 19), los yugos (Jer. 27), el cinto podrido (Jer. 13:1-11) y las tinajas viejas (Jer. 13:12-14). Ezequiel predica sobre un valle de huesos secos (Ez. 37), Oseas sobre su vida matrimonial (Os. 1-3) y Josué sobre la historia de Israel, desde Abraham hasta el Exodo (Jos. 24).   En fin, la predicación profética y apostólica era en su gran mayoría dinámica, existencial y actualizada.

7.22.3   Los sermones que se clasificarán a continuación pueden tener, pues, un impacto extraordinario en congregaciones cada día más secularizadas.   Además, ofrecen la oportunidad para una variación interesante del programa homilético regular y un medio sumamente atractivo.

1. *Sermones históricos.* En parte, ya se ha comentado sobre este tipo de sermón en la sección anterior. Aquí se piensa específicamente en biografías de personajes destacados de la historia posapostólica, tales como Agustín, San Francisco de Asís, Martín Lutero, etc; acontecimientos especiales como la Reforma, el descubrimiento de América o la independencia de una nación; y principios de vida tomados de incidentes históricos tales como el inicio de la II Guerra Mundial, el primer alunizaje o el asesinato de un gran líder.

2. *Sermones sobre literatura contemporánea.* Toman como base la trama de una novela o drama, los versos de un poema, un adagio popular o una cita familiar. El contenido puede estar vinculado con el trozo literario, o éste puede servir como punto de partida. En cada caso, sin embargo, tanto el asunto como el tema y la proposición deben desprenderse del libro, poema o dicho que se está analizando.

3. *Sermones sobre la vida contemporánea.* Son aquellos que se basan en incidentes seculares interesantes y significativos, pasatiempos favoritos ("hobbies"), deportes, viajes, etc. Son analizados, relacionados con el mensaje bíblico o con una realidad teológica y aplicados a la vida diaria de la congregación. En días cuando se acentúa la importancia del ocio como compañero legítimo del trabajo, y se contempla en el futuro la liberación del hombre de muchas tareas agobiadoras, dejándolo así libre para distraerse un poco más en actividades deportivas, viajes y pasatiempos favoritos ("hobbies"), este tipo de sermón ofrece un buen punto de contacto con el hombre de nuestro tiempo.

4. *Sermones sobre la ciencia.* Se desprenden de un análisis elemental de ciertas áreas científicas que tienen mucha relación con las enseñanzas de las Escrituras. Por ejemplo, la astronomía, la biología y la agronomía ofrecen posibilidades sermonarias ilimitadas. Es con este tipo de sermones que el Instituto de Ciencias "Moody", a través de sus famosos "Sermones tomados de la Ciencia", proyectados en películas de tipo documental, ha podido hacer en nuestro tiempo un efecto extraordinario no sólo en iglesias locales, sino en establecimientos públicos, tales como teatros, escuelas, plazas y parques.

5. *Sermones sobre el arte.* Pienso aquí en todas las artes, acústicas y plásticas, pero especialmente en las posibilidades homiléticas que ofrecen la pintura, la escultura y la música. Un cuadro

o escultura interesante, un himno religioso, una canción popular o una pieza clásica pueden no sólo despertar el interés de una congregación (por el acercamiento novedoso), sino servir como medios eficaces para su sensitivización, cultural y teológico-secular,[10] y lo que es más importante aún, ayudar a entender con más claridad algún aspecto del mensaje bíblico en relación con la vida individual y colectiva.

6. *Sermones sobre problemas personales y sociales.* Ya he hablado bastante sobre este tipo de sermón, tanto en el capítulo anterior como en la sección sobre sermones pastorales. Aquí sólo quiero mencionar algunos de los *problemas* más destacados que deberían ser tratados desde el púlpito cristiano.

Problemas personales

Adoración	Drogas	Paz
Adulterio	Dudas	Perdón
Aflicción	Enfermedad	Pobreza
Alcoholismo	Extroversión	Popularidad
Altruismo	Fidelidad	Prejuicio
Amistad	Fracaso	Preocupación
Ansiedad	Fracaso financiero	Problemas vocacionales
Apatía	Frustración	Recreación
Autoaceptación	Hipocresía	Relaciones culturales
Celos	Hostilidad	Responsabilidad
Chisme	Humildad	Riqueza
Comunicación	Identidad	Soledad
Confianza	Incredulidad	Sufrimiento
Conformismo	Inestabilidad	Suicidio
Consagración	Introversión	Tabaco
Crimen	Legalismo	Tensión
Culpabilidad	Matrimonio/Divorcio	Tentaciones
Depresión	Mayordomía	Testimonio
Desilusión	Motivación	Tiempo
Desánimo	Muerte	Trabajo
Disciplina	Paciencia	Vejez
Dominio propio	Padres/Hijos	Vida devocional

Problemas sociales

Adicción a drogas
Alcoholismo
Alfabetización
Contaminación
  atmosférica
Crimen
Delincuencia
  juvenil
Enfermedades men-
  tales
Guerra
Iglesia y sociedad

Juventud
La familia
Ley, orden y jus-
  ticia
Medios de comuni-
  cación (prensa,
  radio, TV, cine).
Moralidad (ética de
  situación)
Ocio (uso de tiempo
  libre)
Paz
Pobreza
Política (gobierno,
  sufragio, participa-
  ción del cristiano,
  conciencia)

Pornografía
Relaciones interna-
  cionales.
Relaciones raciales
Revolución (pacifismo
  vs. violencia, cambio
  abrupto vs. desarrollo)
Sexo (ética sexual,
  prostitución, etc.)
Trabajo (relaciones
  patrón-obrero
  (falta de), sindica-
  lismo, huelga)
Transportación
Vejez
Violencia (Revo-
  lución, valor de la
  persona, pasividad
  activa)
Vivienda

En cada uno de los tipos señalados arriba se presenta el peligro de convertir el sermón en un mero discurso. El predicador deberá tener presente que un sermón se distingue de un discurso por su relación con el *pensamiento bíblico-teológico,* y por su *aplicación* a la vida diaria de los oyentes. Los sermones que se desprenden directamente de fuentes extrabíblicas necesitarán, pues, estar relacionados con la Escritura e ir orientados a la situación existencial de la congregación si es que han de cumplir con su función. Por otra parte, esta clase de sermón le permite al predicador hacer una serie de experimentos estructurales que pueden enriquecer tanto su estilo individual como su capacidad comunicativa, y su programa de predicación. Por ejemplo, un sermón basado sobre la trama de una novela contemporánea puede muy bien seguir un estilo novelesco o narrativo con la incorporación del material bíblico aplicable a la trama de la historia. Asimismo esta clase de sermón se presta para una serie de innovaciones en su presentación, tales como el uso de ayudas visuales, dramatización de una historia, diálogo con la congregación, etc. En fin, los sermones arriba indicados se prestan para poner en acción el poder creativo de la imaginación.

7.3 Sermones clasificados por la ocasión

7.30 La ocasión constituye otra categoría de clasificación sermonaria. Dicha categoría abarca sermones que giran en torno del año litúrgico, sermones que se basan en énfasis particulares establecidos de antemano por el pastor, la iglesia o la denominación, y sermones orientados a ocasiones especiales.

7.31 *Sermones que giran en torno del año litúrgico.*

7.31.1 El año litúrgico o eclesiástico, como suelen llamarle algunos, es el intento tradicional de la iglesia de recordar en sus cultos públicos los grandes acontecimientos que giran alrededor de la persona y obra de Cristo. Es una "conveniencia de disciplina eclesiástica" que "proporciona año tras año una repetición (*repetitorium*) de la historia de la salvación.."[11] Es así como, partiendo de la celebración de la pascua, se extiende a través del resto del año, y señala los días más significativos para la iglesia.

7.31.2 El valor del año litúrgico está en que, además de hacer hincapié sobre los sucesos de significación teológica especial para la iglesia, le da a la liturgia parroquial un sentido de continuidad. Ofrece una oportunidad para que se lean unas mismas porciones bíblicas en todas las iglesias locales y, por consiguiente, para que se recuerde y se proclame "el fundamento de la salvación y lo que justifica la existencia de la iglesia".[12] Agrega Von Allmen que el año litúrgico

> obliga a los pastores a procurar constantemente alimento en el evangelio para la fe y vida de sus rebaños, ofrece a los fieles la oportunidad de gustar la plenitud del misterio de la salvación y al mundo la ocasión de reflexionar ante los grandes llamamientos del amor de Dios.[13]

7.31.3 Tradicionalmente, el año litúrgico se ha dividido en seis temporadas. Más recientemente, algunos protestantes de Norteamérica, siguiendo la orientación del antiguo Concilio Federal de

Iglesias, hoy el Concilio Nacional de Iglesias de Cristo en E.U.A., han dividido la segunda temporada en dos, agregándole así una al año litúrgico.[14] El año toma como puntos de partida el día de pascua en el cual se celebra la resurrección de nuestro Señor. *La temporada de la pascua* abarca un período de siete semanas y concluye con el día de Pentecostés. Con el domingo de *Pentecostés* se da comienzo a una nueva temporada que se extiende aproximadamente nueve domingos. El último domingo de agosto comienza *la temporada del reino* la cual se extiende hasta el domingo anterior al de Adviento. *La temporada de Adviento,* que celebra la venida pasada, presente y futura de Cristo, abarca cuatro semanas y se comienza a celebrar a partir del domingo más cercano al 30 de noviembre. Termina el domingo anterior a la Navidad. *La temporada navideña* se extiende por doce días, desde el 25 de diciembre hasta el 5 de enero. El 6 de enero comienza la *Epifanía* la cual celebra la vida de nuestro Señor Entre Epifanía y Pascua hay un período de cuarenta días, llamado *cuaresma*, que comienza a celebrarse cuarenta días antes del Domingo de Resurrección.

7.31.4 En las iglesias de una liturgia más tradicional se distinguen dos períodos en el año litúrgico. El primero se denomina "la primera mitad del año de la iglesia"; el segundo, "la segunda mitad del año de la iglesia". En el primer período se hace hincapié sobre la persona y obra de Jesucristo; en el segundo, se enfatiza la presencia y actividad de la iglesia. El primer período se extiende desde Adviento a Pentecostés; el segundo abarca la temporada de Pentecostés y del reino. El primer período se puede describir por el tema: "Dios hablando al hombre a través de la revelación"; y el segundo: "El hombre respondiendo a Dios a través de la entrega y el compromiso".

7.31.5 Por supuesto, este análisis es muy general. Hay otras fechas tradicionales que forman parte del año litúrgico, tales como Ascensión y el Domingo de la Trinidad, que por falta de tiempo y espacio no he podido incluir. Hay, además, otras fechas, como el Domingo de la Reforma, que son parte del año litúrgico en la mayoría de las tradiciones protestantes. Sin embargo, he querido acentuar las temporadas más amplias y generales para dar una idea básica de lo que abarca.

7.31.6 Estos tipos de sermones tienen como base bíblica una de las tres lecturas recomendadas para cada domingo. Estas son del

Antiguo Testamento, de los Evangelios y de las Epístolas. Las mismas aparecen en casi todos los manuales de culto de las llamadas "iglesias litúrgicas". De modo que es imprescindible tener a la mano o bien uno de los antedichos manuales que ofrezcan las lecturas bíblicas recomendadas para cada domingo, o una lista personal de referencia a dichas lecturas.

7.31.7 El *asunto* de este tipo de sermón se puede desprender de la temporada correspondiente, o del pasaje seleccionado como base bíblica. *Todo lo otro es relativo.* La estructura estará condicionada al material bíblico y al propósito específico del sermón. De igual manera, puede ser kerygmático, didáctico, o pastoral; el contenido puede ser bíblico-biográfico, histórico, doctrinal, experimental o extrabíblico. Ello no sólo se aplica al sermón que gira en torno del año litúrgico sino a las otras dos subcategorías que se mencionarán más adelante.

7.31.8 El gran valor de esta clase de predicación está en que lo permite al predicador cubrir en un año los rudimentos básicos de la fe cristiana. El *Adviento* le permite predicar sobre la promesa mesiánica de los profetas, la manera como Cristo llega al hombre en el presente y su retorno corporal a la tierra. La *Navidad* ofrece la oportunidad de acentuar el don inefable que Dios ha dado en Cristo a la humanidad. *Epifanía* es una época de descubrimiento y manifestación. Se recuerda la manifestación de Cristo a sus discípulos y a las multitudes. Por tanto, se presta para mensajes de énfasis evangelizador y promoción misionera. La *cuaresma* es una temporada de penitencia; por tanto, conduce a la reflexión sobre el significado de la obra de Cristo. La *Pascua* se presta para la predicación sobre el Cristo exaltado. *Pentecostés* celebra la llegada del Espíritu Santo y el nacimiento de la iglesia. Es, pues, una temporada ideal para hacer hincapié sobre la dinámica del Espíritu en la vida de los creyentes y sobre la naturaleza de la iglesia.
En *la temporada del reino* se enfatiza la vigencia del evangelio en la vida personal y social de los hombres. Se presta, por tanto, para la predicación pastoral con énfasis en la ética cristiana.

7.31.9 Aun cuando el predicador no quiera basar toda su predicación en el año litúrgico, éste puede ser, no obstante, de mucha utilidad como orientación general de un programa anual de predicación para los cultos dominicales. Y a pesar de limitarse a ciertos pasajes bíblicos, puede variarse de acuerdo con la estructura, el enfoque y la naturaleza del pasaje. De modo que, no obstante sus limitaciones, el sermón que se basa en el año litúrgico ofrece una serie de posibilidades homiléticas que el predicador sabio no podrá rechazar.

7.32 *Sermones que giran en torno de énfasis semanales, mensuales, trimestrales o anuales.*

7.32.1 Estos son sermones que responden a una serie de temas eclesio-cívicos escogidos de antemano por el pastor, la iglesia local, un grupo de iglesias en una región dada o la denominación. Llenan en parte algunos huecos que tiene el año litúrgico. Temas como las madres, el trabajo, la Reforma y la independencia nacional no tienen cabida dentro del año litúrgico tradicional. De ahí que surge la necesidad de apartar ciertas fechas particulares para predicar sermones alusivos a los referidos días conmemorativos.

7.32.2 El sermón en cuestión no surge meramente como un intento de llenar ciertas necesidades que el anterior aparentemente no llena. Antes bien responde a una estrategia establecida de antemano para lograr ciertas metas. Puede que esas metas sean de carácter general, como por ejemplo, proveer una dieta balanceada en el programa total de la iglesia. Por otro lado, puede que la meta sea más específica, como por ejemplo, llevar a efecto un programa extraordinario de evangelización en la comunidad durante una época determinante. De todos modos, se apartan ciertos días en los que se propone dar cierto énfasis a uno o más temas específicos. El asunto del sermón se desprende, pues, del tema señalado para la ocasión. Si, por ejemplo, se trata de la semana de educación cristiana, el asunto del sermón tendrá que ser de carácter didáctico o nutritivo.

7.32.3 El valor de esta clase de sermones está en el hecho de que ayudan a fomentar conciencia sobre temas importantes tanto para la iglesia como para la comunidad. Además, se prestan para una comunicación eficaz por cuanto hay interés en el tema de parte de la congregación. Temas como las madres, la independencia nacional, etc., reciben una saturación publicitaria completa ya que son parte del ambiente cultural. Cuando se congrega la iglesia para escuchar un sermón alusivo a la ocasión el predicador no tiene que hacer mucho esfuerzo por captar el interés de su congregación. El ambiente cultural, social y comercial ha preparado el terreno, lo que facilita el esfuerzo comunicativo.

7.32.4 Para el tipo de sermón en cuestión se aplica lo dicho anteriormente. Será imprescindible, sin embargo, que el predicador tome una buena base bíblica. Es muy fácil en sermones de esta índole olvidar la razón de ser de la predicación y hacer del sermón un discurso cívico o patriótico. Por tanto, el predicador debe cuidarse de no entusiasmarse tanto con el tema de la ocasión que se olvide del tema perenne de la predicación.

7.33 *Sermones orientados a ocasiones especiales.*

7.33.1 Hay una tercera subcategoría del sermón ocasional. Esta es la ocasión especial. Es especial porque no forma parte del programa regular de predicación del predicador. Me refiero a ocasiones como aniversarios, programas cívicos, asambleas estudiantiles y aun actos de tanta significación teológica como bautismos y dedicación de infantes.

7.33.2 El sermón para la ocasión especial será afectado decididamente por la misma. La ocasión será decisiva en la selección del material, bíblico y extrabíblico, la estructura que se usará y el propósito del sermón. Por tanto, el predicador deberá estudiar bien la naturaleza y trasfondo de la ocasión. Las ilustraciones deberán ser alusivas al momento. La introducción podría desarrollarse tomando como punto de partida un incidente relacionado con la situación. En la selección de la base bíblica el predicador deberá estar alerta a las situaciones bíblicas semejantes.

7.33.3 Este tipo de sermón es de particular importancia para el predicador. Muchas veces los predicadores son juzgados por los sermones que predican en ocasiones especiales. Sin embargo, lo más importante para el predicador debe ser el hecho de que muchas veces sus oyentes son en su mayoría personas desconocidas. Para estas personas ese sermón podría ser decisivo. El predicador, consciente de esta posibilidad, deberá, pues, prepararse meticulosamente.

7.33.4 El sermón para la ocasión especial es uno de los más difíciles. Su dificultad se debe por un lado a su ubicación existencial tan irregular, y por el otro, al hecho de que requiere material especial que el predicador, por falta de tiempo u otros recursos, no tiene a la mano. En virtud de ello, cada predicador debe tener un cartapacio especial en su archivo personal para la colección de materiales alusivos a muchas de esas ocasiones especiales. Ello hará su tarea mucho más fácil y fructífera.

7.4 Sermones clasificados por su presentación

7.40 Los sermones pueden también clasificarse no ya por su propósito, contenido u ocasión, sino por la manera en que se presentan. La presentación de un sermón no es un apéndice de la homilética, como veremos en los próximos capítulos, sino que es parte del nervio mismo de la comunicación eficaz. Marshall McLuhan lo ha expresado perfectamente al afirmar que "el medio es el mensaje".[15] Es decir, la manera como se transmite un mensaje indica de por sí la esencia de ese mensaje. La presentación del sermón, es, pues, determinante en el efecto final del mismo. Pero no sólo afecta el resultado final del sermón, sino su mismo carácter. De ahí la razón porque haya propuesto esta última categoría de clasificación sermonaria. Porque el método que se escoge para presentar un sermón le da al mismo una distinción particular. No es, pues, posible que clausuremos este capítulo, que se ha desarrollado desde varias perspectivas, sin considerar la clasificación de sermones desde el punto de vista de la entrega del sermón. Hay por lo menos cinco tipos de presentación retórica. Cada uno le da un carácter distinto al sermón.

7.41 *Sermones discursivos.*

7.41.1 El método discursivo es el más antiguo de los métodos de presentación sermonaria. La mayoría de los sermones que se predican en los púlpitos cristianos, católicos y protestantes, son de este tipo. Son exposiciones monólogas de alguna verdad bíblico-teológica. Son monólogas porque toda la acción se concentra en el predicador. El auditorio no participa o responde en forma verbal durante y después del mensaje.

7.41.2 Hay evidencias que nos llevan a creer que el sermón discursivo está en crisis. Esta crisis no se debe a que el método monológico sea mal en sí, sino a lo que Ruel Howe llama la ausencia del "principio del diálogo". Dice Howe que el principio del diálogo es "apertura al otro bando, con un deseo no sólo de hablar sino de responder a lo que oímos".

> Un método monologado, puede ser instrumento
> eficaz del principio dialógico, tal como una

conferencia fecunda en que el conferenciante
está alerta y activo, ante los significados de
sus oyentes en relación con lo que está
diciendo... En otras palabras, el comunicador
que es fiel al principio dialógico puede emplear
métodos de comunicación sean dialógicos o
monológicos con resultados creativos, es
libre de emplear el método de la discusión en
grupo o el método de la conferencia, según
sea apropiado para sus fines. Cuando emplea
la conferencia, sin embargo, la usa en un contexto dialógico; y a aquellos a quienes está
enseñando se les brinda una oportunidad
antes, durante o después de la conferencia
para responderle en sus propios términos.[16]

7.41.3 El éxito del sermón discursivo depende, pues, de la medida en que el predicador esté alerta a la "retroalimentación" de su
congregación. Para ello será necesario que el predicador se sienta
libre en la presentación de su sermón y que cree una atmósfera
congregacional de libertad y sensibilidad. Lo que quiere decir que
el predicador no sólo deberá preocuparse por el contenido de su
sermón, sino por la manera en que ha de compartirlo con su
congregación. Esto lo pondrá a reflexionar sobre las diferencias
lingüísticas, sociales y conceptuales entre él y su auditorio. El
ponerse en el lado del otro siempre ayuda al comunicador a
coordinar su mensaje según un código lingüístico fácil de comprender. Asimismo, le ayuda a desarrollar sensibilidad hacia el
comportamiento manifiesto y latente de la congregación.

7.42 *Sermones dialógicos.*

7.42.1 Se entiende por sermones dialógicos no aquellos que usan
el principio del diálogo, sino los que son estructurados según el
método del diálogo. Un diálogo es una conversación entre dos
personas. El método dialógico propone el desarrollo de un sermón
a través de una conversación entre dos personas.

7.42.2 Este es un método retórico muy antiguo que recientemente
se ha expandido mucho. Platón lo usaba con frecuencia. La predicación apostólica y profética se daba con frecuencia en forma de

diálogo. En la época medieval el diálogo era el método común de la catequesis, y aún en nuestros días sigue siendo el método por excelencia de instrucción cristiana en algunas de las iglesias más tradicionales.

7.42.3 Hay varias formas de estructurar un sermón dialógico. La más obvia y sencilla es la de hacerle ciertas preguntas directas a los miembros de una congregación, o la de permitir que éstos respondan espontáneamente al sermón. El predicador puede también planear su sermón con un laico o con otro predicador. El sermón se puede dar desde el frente, uno en cada púlpito, si hay dos púlpitos en la iglesia, o se puede presentar desde dos ángulos opuestos en el santuario, uno en medio de la congregación y el otro desde el púlpito. Hay también la posibilidad de hacer un sermón dialógico usando la versatilidad de una sola persona. Aquí el predicador anticipa las preguntas que la congregación haría si pudiera y responde a ellas, pero *actuando* las dos partes.

7.42.4 Es obvio que este tipo de sermón demanda una preparación exhaustiva. Aun cuando se piensa crear un diálogo informal entre predicador y congregación, el predicador necesita planear bien su sermón. Como en todo sermón, el asunto, tema y propósito son determinantes. Será necesario que el predicador considere bien cómo ha de introducirse la proposición. Las divisiones principales podrían muy bien ser preguntas del predicador a la congregación y la conclusión podría ser un resumen del diálogo. La preparación será todavía más necesaria cuando el sermón ha de ser presentado por dos personas. ¿Qué papel va a desempeñar quién? ¿Cuándo ha de intervenir? ¿Cómo? , etc.

7.42.5 Demás está hacer hincapié sobre el tremendo valor que tiene el sermón dialógico para el púlpito contemporáneo. El predicador sabio hará uso frecuente de este tipo de sermón especialmente en aquellas ocasiones que quiera llegar a un grupo de jóvenes o profesionales. Es un hecho que hay algunos que creen que el futuro de la predicación depende del método dialógico.[17]

7.43 *Sermones dramáticos.*

7.43.1 Son estos los que emplean el drama en una u otra forma como medio de presentación. El sermón puede ser en sí un pequeño drama

donde actúan varias personas, o puede ser un monólogo en el
que el predicador hace todo el papel dramático. La Biblia es de
por sí un vasto tesoro dramático. Por lo tanto, su mensaje se
presta para este tipo de exposición.

7.43.2 Hay predicadores que tienen mucha habilidad dramática,
bien como actores o escritores. Una manera como podrían hacer
sus sermones más populares sería a través del sermón dramático.
El drama es un medio atractivo y eficaz de comunicación porque da
cabida a la participación. El drama proyecta en forma visible y
audible la realidad de la vida, creando así un ambiente de identificación y apercibimiento. El sermón dramático abre a la vez una
serie de posibilidades para la participación de muchos laicos en el
ministerio de predicación de la iglesia.

7.44 *Sermones de discusión*

7.44.1 Estos sermones sirven o bien para orientar a la discusión
grupal al finalizar el culto, o para desarrollarse a través de una
discusión estructurada o informal. Este tipo de sermón es en cierto
modo una variante del tipo dialógico. Se distingue de aquel en que
involucra normalmente a más de dos personas.

7.44.2 Se pueden usar varios acercamientos para el sermón
de discusión. Uno es el de preparar de antemano una sinopsis
del pasaje que va a ser expuesto, con algunos apuntes sobre la
situación contemporánea con que nos confronta. Luego se divide
la congregación en grupos pequeños que discutirán el pasaje bajo
la dirección de líderes asignados de antemano.

Otro acercamiento es el de proveer un período de discusión al
concluirse el sermón. La congregación es inmediatamente animada
a hacer preguntas o comentarios sobre el sermón. Un tercer enfoque
puede ser el grupo de discusión donde se escogen de antemano los
participantes, se les da el pasaje del sermón, el asunto, el tema, la
proposición y las divisiones principales. Cada miembro del grupo
estudia su participación, que podría ser la de exponer una de las
divisiones principales o la de participar libremente en cada parte del
sermón. El pastor puede servir de moderador haciendo un resumen
en la conclusión.

7.45 *Sermones audiovisuales.*

7.45.1 Con el avance en los medios modernos de comunicación, las posibilidades comunicativas de la predicación se han ampliado. Medios técnicos tales como la película cinematográfica, el retro-proyector, el proyector "opaco", el videograbador, el fonógrafo, la radio, el teléfono, la grabadora de cintas *cassette* y el proyector de vistas fijas pueden ser muy útiles en la predicación. De hecho estos medios han suscitado toda una subcategoría de presentación sermonaria.

7.45.2 Se denominan sermones audiovisuales a aquellos que uti-lizan ayudas audiovisuales. Pueden ser multisensoriales como la película cinematográfica o unisensoriales como por ejemplo el retro-proyector, el fonógrafo o algún objeto significativo.

7.45.3 Las posibilidades de los sermones audiovisuales son tan vastas como la variedad de medios disponibles. Esta puede incluir no sólo los medios técnicos mencionados, sino también medios visuales pictóricos (dibujos, carteles, cuadros, fotografías, gráficas, mapas, franelógrafos, portafolios gráficos, tarjetones, etc.) y medios visuales impresos (hojas impresas, volantes, folletos, prospectos, etc.).

7.45.4 Los sermones audiovisuales tienen la ventaja de ser nove-dosos, y por lo tanto llamativos, y de apelar a más de un sentido. Sermones que no usan ayudas audiovisuales tienen la desventaja de apelar sólo al oído de la congregación. Pero cuando se usa en el sermón un simple pizarrón, un retroproyector, una grabación o una película cinematográfica se apela a varios sentidos a la vez. Ello aumenta la capacidad comunicativa del sermón.

7.45.5 Por supuesto, este tipo de sermón depende de la clase de medio que se quiera usar, la manera como se usa y la clase de material que se quiera transmitir. Por ello, el predicador deberá estudiar la naturaleza de los diferentes medios audiovisuales, sus posibilidades y limitaciones comunicativas. No debe usar un objeto o un medio técnico que no sepa cómo manejar. Por ejemplo, si uno no sabe cómo usar un retroproyector no debe usarlo en un sermón. Ello podría destruir el sermón en vez de ayudarlo.

7.45.6 En una época donde la tecnología electrónica está desta-pando algunos de los sentidos tapados del hombre (la vista y el tacto) y, lo que es más importante, sus capacidades multisensoriales, el sermón audiovisual promete ser de gran ayuda para la comunicación por medio de la predicación. Es un sermón que pone a funcionar la imaginación del predicador y pone en circulación su creatividad.

7.45.7 El sermón audiovisual hace uso del mismo material bíblico que usan los otros tipos de sermones. Su estructura puede seguir cualquiera de los siete modelos mencionados en capítulos anteriores. Las ilustraciones, sin embargo, deben ajustarse al medio que se usa.

7.5 Ejercicios mentales y homiléticos

7.51 Explique brevemente el problema de la clasificación (cp. 7.2).

7.52 Anote y describa en sus propias palabras las clases de sermones que se distinguen por su propósito general (cp. 7.11-7.13).

7.53 ¿Cuáles son los sermones que el autor clasifica por su contenido? (cp. 7.2.) De los sermones que preparó en el capítulo anterior, ¿hay alguno que cae bajo esta clasificación? ¿Cuáles y en qué sentido?

7.54 ¿Qué clase de sermones son los que aparecen en la sección 7.3? Descríbalos en sus propias palabras.

7.55 Tomando en cuenta el material que aparece en las secciones 7.2 y 7.3, prepare un programa de predicación para un trimestre (cuatro meses, aproximadamente 16 semanas) Incluya en el mismo lo siguiente (ver Apéndice 15.1 para un ejemplo):

7.55.1 Título del sermón de la mañana y de la noche (se indicará título de serie cuando éste sea el caso).

7.55.2 Base bíblica del sermón.

7.55.3 Lectura del AT y NT para el culto de la mañana (la base bíblica del sermón podrá ser usada como una de las lecturas). Estas lecturas deberán estar relacionadas. Se sugiere que se siga el plan de lecturas bíblicas dominicales que siguen el año eclesiástico.

7.55.4 Tres himnos para el culto de la mañana: el primero de exaltación o alabanza; el segundo de acción de gracias inspiracional; el tercero de dedicación o invitación.

7.56 Prepare un sermón de los que se exponen en 7.42-7.45, por lo menos en forma de bosquejo detallado.

Notas

[1]C. H. Dodd, *The Apostolic Preaching* (Chicago: Willet, 1937), p. 8ss.

[2]Leighton Ford, *La gran minoría* (San José: Editorial Caribe, 1969).

[3]Crane, *op. cit.*, pp. 62-64.

[4]Ver capítulo IX, p. 167ss.

[5]Crane, *op. cit.*, p. 67.

[6]Perry, *Manual*, pp. 106-136. Véase también: Andrés W. Blackwood, *La preparación de sermones bíblicos* (El Paso: Casa Bautista, 1959).

[7]Compare Perry, *op. cit.*, p. 34s. con p. 119s.

[8]Blackwood, *op. cit.*, p. 7.

[9]Perry, *op. cit.*, p. 106.

[10]Es decir, puede ayudar a esa congregación a descubrir la importancia de hacer interpretaciones teológicas de sucesos y cosas seculares.

[11]J. J. Von Allmen, *El culto cristiano* (Salamanca: Sígueme, 1968), p. 246.

[12]*Ibid.*

[13]*Ibid.*, p. 247.

[14]George M. Gibson, *The Story of the Christian Year* (Nashville: Abingdon, 1955), p. 217.

[15]Marshall McLuhan, *Understanding Media* (New York: McGraw-Hill, 1964), p. 7ss.

[16]Ruel L. Howe, *El milagro del diálogo* (San José: Centro de Publicaciones Cristianas, s. f.), pp. 46, 47.

[17]Por ejemplo, Clyde Reid, *The Empty Pulpit* (New York: Harper & Row, 1967), p. 82s. Véase también Ruel L. Howe, *Partners in Preaching. Clergy and Layity in Dialogue* (New York: The Seabury Press, 1967).

TERCERA PARTE
La predicación y el predicador

CAPITULO 8

EL PREDICADOR COMO PERSONA

8.0 La predicación es un acto multidimensional. De ahí que necesite entenderse no sólo en su sentido retórico, es decir, como un discurso basado en la teología cristiana, sino también en su sentido sicológico: como la expresión de conceptos, actitudes y sentimientos a través de una personalidad.

8.1 La importancia de la persona del predicador

8.11 La importancia de la persona del predicador para la predicación se desprende del hecho de que ésta, como acto comunicativo, está inseparablemente vinculada con la personalidad humana. Como dice Felipe Brooks: la predicación es "la comunicación de la verdad por un hombre a los hombres. Tiene dos elementos indispensables: la verdad y la personalidad".[1]

8.12 ¿Qué es la personalidad? De acuerdo con James Drever, en su *Diccionario de psicología*, es:

> ...la organización integral y dinámica de las
> cualidades físicas, mentales, morales y sociales
> del individuo en su manifestación a otras per-
> sonas, en la dádiva y recibimiento de la vida
> social...comprende los impulsos y hábitos
> naturales y adquiridos, los intereses y complejos,
> los sentimientos e ideales, las opiniones y

creencias manifiestas en sus relaciones
con el ambiente social...[2]

La personalidad abarca, pues, tanto el estado presente del individuo como sus experiencias pasadas.

8.13 La personalidad es de suma importancia para la predicación porque determina en gran parte la manera cómo ésta ha de ser percibida por la congregación. La predicación, entendida como la comunicación del evangelio por medio de la personalidad, depende no sólo de las palabras del predicador, sino también de la forma como usa y expresa dichas palabras. Puesto de otra manera, el *cómo* de la predicación es tan importante como el *qué*. O, como notamos en el capítulo anterior, la manera como se transmite un mensaje indica de por sí la esencia de ese mensaje. La personalidad refleja a veces más sobre el contenido del mensaje que el sermón. Carol Wise, destacado sicólogo pastoral, se avoca a este fenómeno en su obra, *El significado del cuidado pastoral*. Dice al respecto lo siguiente:

...el predicador...puede hablar del amor de Dios
con ira en su voz, y si es así, comunicará enojo.
Puede hablar del perdón de Dios de tal manera
que deje a su congregación sintiéndose más
culpable o revelando la culpa del mismo predicador. Puede hablar de la fe y comunicar su
propia ansiedad. Puede hablar 'con lenguas
humanas y angélicas', pero...[3]

8.14 El predicador, necesita, por tanto, preocuparse por lo que va a decir y por la manera cómo lo ha de decir; de lo contrario puede que predique una cosa y comunique otra. Pero esto no es sino otra manera de decir que el predicador necesita prestar mucha atención a aquellos factores personales que determinan en gran parte su capacidad para predicar eficazmente. Su persona, pues, no podrá ser considerada como un cero a la izquierda, por así decirlo. Antes bien, será tan importante como el sermón. De ahí la importancia de considerar al predicador en su relación con Dios, su yo, la Escritura y su mundo, ya que son éstos los elementos que en gran parte determinarán su éxito o fracaso.

8.2 El predicador y Dios

8.21 Se ha dicho que la predicación es un anuncio de la obra salvadora de Cristo. Predicar es, pues, anunciar, pregonar, proclamar. Pero la predicación no es solamente un anuncio; es también un testimonio. Por consiguiente, predicar es tanto proclamar como testificar.

8.22 Un estudio de los grandes predicadores bíblicos revelará que si bien es cierto que éstos se conceptuaban a sí mismos como heraldos de la Palabra de Dios, es aún más cierto que se veían como testigos de la obra de Dios en Cristo. Y no porque habían observado esa obra como un hecho histórico, sino porque la habían experimentado en su propia vida. Eran hombres que atestiguaban con su vida la realidad de la gracia de Cristo. En otras palabras, su prédica era el resultado de una experiencia viva y dinámica con Dios.

8.23 De la experiencia de los apóstoles y profetas podemos deducir el requisito básico e indispensable para el ejercicio de la predicación cristiana. Aquel que desea predicar el evangelio de Jesucristo necesita haberlo experimentado. De no ser así, su personalidad (su vida y sus gestos) contradirán lo que anuncia, porque la eficacia de cualquier anuncio depende de la convicción con que se hace. Es necesario, por tanto, que el que anuncia las buenas nuevas haya experimentado en su propia vida la potencia del evangelio que se hace manifiesta en todo aquel que cree en la obra de Dios en Cristo (cp. Jn. 3:11; 1 Jn. 1:3, etc.).

8.24 Por otra parte, la predicación es también un servicio que el predicador rinde a la causa de Cristo. Por consiguiente, tiene el carácter de ofrenda de alabanza y gratitud (cp. 1 Co. 4:1). Ahora bien, toda ofrenda que se presenta a Dios requiere una actitud de reverencia y consagración de parte del que la da. Ello implica que la predicación requiere una actitud de reverencia, sumisión, dedicación y confesión de parte del predicador hacia Dios. El predicador deberá, pues, dar su prédica con temor y temblor, con gratitud y confesión, con alabanza y devoción, sabiendo que por encima de la elocuencia del sermón; su eficacia dependerá de la medida en que Dios en su gracia multiplique esa ofrenda. Sólo con esta clase de actitud podrá Dios aceptar el servicio de la predicación como ofrenda de olor suave.

8.25 La predicación no sólo es un testimonio de la obra salvadora de Dios en Cristo y un servicio que rinde el predicador a la causa del evangelio, sino también un gesto de obediencia al mandamiento del

Señor. El predicador no predica por su propia voluntad, sino porque Cristo le ha enviado a predicar. Ese sentido de comisión hace hincapié sobre el hecho de que tanto la encomienda como la eficacia de esa misión se desprenden del poder de Jesucristo. La predicación no sólo recibe del Señor la autoridad, sino también el poder para alcanzar su propósito, que es la salvación total de los hombres.

8.26 Lo dicho acentúa la importancia de una íntima comunión entre el predicador y su Dios. "No me elegisteis vosotros a mí, sino...yo...a vosotros...Como el pámpano no puede llevar fruto por sí mismo, si no permanece en la vida, así tampoco vosotros, si no permanecéis en mí... porque separados de mí nada podéis hacer" (Jn. 15:16, 4-5). ¿Qué significa vivir en íntima comunión con Dios?

8.26.1 Vivir en comunión con Dios quiere decir, primeramente, vivir consciente de la presencia de Dios en el mundo y en nuestra vida personal. Ello implica que el predicador debe ser sensible a la presencia de Dios en todas las esferas del ambiente: en las actividades y problemas internacionales, nacionales y locales; en el trabajo y el colegio; en la familia y lo recóndito del ser, como también en la iglesia y sus múltiples manifestaciones.

8.26.2 En segundo lugar, vivir en comunión con Dios significa obedecerle y hacer su voluntad como ha sido revelada en la Escritura. El predicador debe estar dispuesto no sólo a oír lo que Dios dice, o anunciarlo, sino también a practicarlo. Es cuestión de actitud.

8.26.3 En tercer lugar, quiere decir vivir una vida transparente a través de la cual se refleje cada día más la realidad de Jesucristo. El predicador debe ser imitador del Dios Hombre: Jesucristo, la suprema revelación de Dios.

8.3 El predicador y su yo

8.30 Puesto que la predicación es la comunicación de la verdad divina a través de la personalidad humana, el predicador no sólo deberá conocer a Dios. Deberá también conocerse a sí mismo. La lógica de este requisito se hace claramente evidente por lo que se ha dicho en torno a la importancia de la persona del predicador. Además, se hace manifiesta por la tragedia que se ve en muchos púlpitos contemporáneos: predicadores que usan el púlpito como chivo expiatorio de sus desbarajustes emocionales.

8.31 El predicador debe tener un alto sentido de seguridad vocacional. Debe tener resuelto el problema de identidad vocacional. Si se siente inseguro o avergonzado de su vocación como predicador, su predicación lo reflejará. El predicador debe sentirse seguro, orgulloso y realizado en su vocación; de lo contrario, su mensaje carecerá de vitalidad y convicción.

8.32 De igual manera, deberá caracterizarse por un alto sentido de madurez emocional. La madurez emocional tiene que ver con el desarrollo de cierto grado de autonomía y seguridad personal; implica la habilidad para mantener el equilibrio emocional y mental en momentos de tensión. O. Spurgeon English y Gerald H. J. Pearson, en su obra, *Los problemas emocionales de la vida,* afirman que la persona madura debe:

1. Poder trabajar cada día por una cantidad razonable de horas sin fatigarse, o estar bajo tensión y sentir que su trabajo está sirviendo un propósito provechoso.

2. Poder aceptar y disfrutar de muchas amistades duraderas...

3. Tener tal confianza en sí mismo que no se sienta perseguido por la culpa, la duda o la indecisión...

4. Ser lo más libre posible del prejuicio y tratar a todos los hombres y mujeres con respeto apropiado.

5. Poder amar y ser amado con gozo en una manera convencional y heterosexual libre de culpa o inhibición.

6. Extender su interés en un círculo cada vez más amplio de sí mismo a su familia, sus amigos, su comunidad y país, y procurar contribuir al bienestar general de la humanidad.

7. Interesarse por el avance de su propio bienestar sin explotar a su prójimo.

8. Poder alternar el trabajo con el recreo, el juego, lecturas y el disfrute de la naturaleza, la poesía, el arte y la música.

9. Ser libre del esfuerzo y la tensión excesiva del cuerpo, tanto en la ejecución de sus responsabilidades diarias como en la confrontación con la adversidad.

10. Ser confiable, veraz, abierto y empapado de una filosofía

de vida que incluya la disponibilidad de sufrir un poco para poder crecer, mejorar y adquirir sabiduría.

11.   Interesarse por transmitir sus conocimientos adquiridos por el arduo esfuerzo a los jóvenes.[4]

La inmadurez emocional produce una atmósfera comunicativa hostil y defensiva. Ello obstaculiza la eficacia comunicativa de la predicación. Por lo mismo, el predicador deberá tener mucho cuidado de no tomar el púlpito como válvula de escape emocional.

8.33   Para evitar lo antedicho, el predicador deberá vivir en un continuo proceso de autoanálisis. El mismo deberá ser positivo y no negativo. Un autoanálisis positivo se caracteriza por la sinceridad y el equilibrio emocional, mientras que un autoanálisis negativo tiene rasgos neuróticos. Es decir, la persona que se autoanaliza negativamente busca algo para autocastigarse; se ve a sí misma pero no ve sus logros, recursos ni posibilidades; sólo considera sus fracasos, faltas y limitaciones. Pero cuando hay un autoanálisis positivo, la persona se confronta con lo positivo y lo negativo de su personalidad: sus logros y sus fracasos, sus posibilidades y limitaciones. Los acepta como parte de su vida. Procura descubrir cómo mejorar en aquellos puntos débiles y como ser consecuente con sus atributos positivos.

La sinceridad con uno mismo deberá ser uno de los puntos cardinales no sólo de la ética personal de cada predicador, sino de la ética de la vocación ministerial. Cuando un predicador no es sincero consigo mismo, no lo es tampoco con Dios. La sinceridad con uno mismo se desprende de la sinceridad para con Dios. Esta es la razón por la cual la oración debe desempeñar un papel importante en la vida privada de todo predicador. Además de ser un medio indispensable para la relación con Dios y para la experiencia de su poder en el acto mismo de la predicación, puede servir como un medio eficaz de liberación emocional.

8.4   El predicador y la Escritura

8.41   Otro elemento de vital importancia para el predicador es la Escritura. Como hemos notado, la Biblia es la fuente por excelencia de la predicación. Por tanto, debe desempeñar un papel importante en la vida del predicador. Si en algún aspecto de su vida ha de ser estudioso y consecuente es en la lectura y el estudio de este libro.

Su lectura sistemática generará ideas en abundancia para la preparación de sermones. Esta será la principal fuente de lo que Crane ha llamado el "semillero homilético", o sea, el conjunto de anotaciones que hace un predicador sobre ideas para futuros sermones.[5]

8.42 Dada la importancia de la Biblia en la predicación, y por consiguiente, en la vida del predicador, éste debe estudiarla con seriedad. Todo predicador debe procurar ser un buen exegeta bíblico. Debe vivir con una constante preocupación por conocer la mente de Dios a través de la revelación bíblica.

8.5 El predicador y su mundo

8.51 El predicador no sólo debe procurar estudiar la Biblia con diligencia sino también debe afanarse por estudiar la naturaleza humana, porque es con ésta que el evangelio trata directamente. Por tanto, debe ser un sicólogo práctico y académico. Es decir, debe leer libros sobre la ciencia sicológica y estudiarla formalmente. Debe además, ser un observador agudo del comportamiento diario de la gente en general y de su congregación en particular. Para ello, deberá leer periódicos y revistas de actualidad, escuchar programas noticieros radiales y poner atención a reportajes televisados. Las visitas y las entrevistas pastorales le proveerán oportunidades para observar y analizar el comportamiento de su congregación.

8.52 Por otra parte, el predicador debe conocer el mundo en que vive, porque el comportamiento humano es en parte determinado por el ambiente. Este le da al hombre su herramienta comunicativa: la cultura. La cultura es el conjunto de distintivos de un pueblo: su modo de pensar, sus costumbres, sus creaciones y su cosmovisión.

8.52.1 Todo predicador necesita tener en cuenta la cultura de sus oyentes si es que ha de comunicarse eficazmente. Es interesante notar que los predicadores bíblicos se enfrentaron al mundo con una reflexión profunda sobre la cultura de su tiempo. Los casos clásicos son los de Pablo y Juan. El primero, por ejemplo, se acerca a los filósofos estoicos de Atenas haciendo uso de las propias categorías de ellos. Les habla del dios desconocido y capta su atención. De ahí pasa al problema básico de los griegos: la resurrección de los muertos, y específicamente, la resurrección de Cristo (Hch. 17). El segundo, toma prestado un término de la filosofía clásica griega (*logos*) para comunicar la fe cristiana.   Usando, pues, los símbolos característicos de su cultura exponen ante su mundo el mensaje cristiano. Pero si no hubieran estudiado la cultura y las estructuras sociales de su época no hubieran podido establecer ese contacto.

8.52.2   Lo dicho nos plantea, pues, la necesidad que tiene cada predicador de estudiar la sociología y la antropología cultural. Estas dos disciplinas le ayudarán a conocer el ambiente cultural y a analizar las diversas estructuras, políticas, económicas y sociales, donde se encuentran ubicados los hombres.   De modo que si bien es cierto que el predicador debe ser un sicólogo práctico y académico, es también imprescindible que sea un sicólogo y un antropólogo cultural práctico y académico.   Que lea libros y estudie formalmente estas disciplinas sociales, y sobre todo, que aplique sus conocimientos a sus labores profesionales.

8.53   El predicador debe ser también un estudioso del pensamiento humano, porque es en éste donde puede ver reflejada la naturaleza del mundo donde vive.   La literatura, prosaica y poética, describe y analiza el comportamiento del hombre como persona y como parte de un ambiente social.   En ella el predicador encontrará inmensos recursos intelectuales que complementarán los estudios arriba mencionados. Además, como hemos notado, tanto la novela como la poesía son de por sí fuentes para la preparación de sermones de actualidad.

8.6   La predicación es, pues, un acto personal. Se da a través de una personalidad y va dirigida a personas. Ello quiere decir que no basta solamente preparar buenos sermones. Hay que prestar atención a la verdad que va a ser expuesta, y a la manera de presentarla y percibirla.   Ello nos confronta con el meollo de la materia a considerarse en los próximos tres capítulos.

8.7   Ejercicios mentales y homiléticos

8.71   Explique la importancia de la persona del predicador para la predicación (cp. 8.1).

8.72   Explique la relación entre predicación y testimonio (cp. 8.21, 8.22).

8.73   ¿Cuál es el requisito básico e indispensable para el ejercicio de la predicación cristiana?   ¿Por qué?   (cp. 8.23).

8.74 Explique la relación entre predicación y servicio (cp. 8.24). ¿Qué implicaciones personales tiene dicha relación?

8.75 ¿Qué significa vivir en íntima comunión con Dios? (cp. 8.26.1-8.26-3).

8.76 ¿Cómo afecta la predicación a la vida emocional del predicador y qué requisitos le impone respecto a su yo? (cp. 8.3).

8.77 ¿Qué papel desempeña la Escritura en la predicación y qué papel debe desempeñar en la vida del predicador? (cp. 8.4).

8.78 ¿Por qué es importante que el predicador sea un estudioso de la naturaleza humana? Explique (cp. 8.51-8.53).

Notas

[1] Phillips Brooks, *On Preaching* (New York: The Seabury Press, 1964), p. 5.

[2] James Drever, *A Dictionary of Psychology* (Baltimore: Penguin Books, 1963), p. 203. Véase también versión española del mismo (Bs. Aires: Editorial Escuela, 1967). Allport dice lo mismo en menos palabras: "La personalidad es la organización dinámica dentro del individuo de aquellos sistemas psicofísicos que determinan sus ajustes únicos a su ambiente...". Gordon Allport, *Psicología de la personalidad* (Bs. Aires: Paidós, 1966), p. 65.

[3] Carol Wise, *The Meaning of Pastoral Care* (New York: Harper and Row, 1966), p. 69.

[4] O. Spurgeon English y Gerald H. J. Pearson, *Emotional Problems of Living* (New York: W. W. Norton & Co., 1963), pp. 458, 459.

[5] Crane, *op. cit.*, p. 89.

CAPITULO 9

EL PREDICADOR Y LA ENTREGA DEL SERMON

9.0   La predicación, vista sicológicamente, como la expresión de conceptos, actitudes y sentimientos a través de una personalidad, es un acto sumamente complejo. Su complejidad sicológica se manifiesta no tanto en la preparación del sermón como en la presentación de éste. Para poder aumentar el éxito comunicativo del sermón es menester que el predicador le dé tanta atención a la presentación del sermón como a la elaboración de la estructura.

9.1   Métodos de presentación sermonaria

9.11   Hay por lo menos cuatro métodos.[1] El que más se usa en círculos evangélicos latinoamericanos es el de *notas bosquejadas*. Los que usan este método predican mayormente en forma improvisada. Es decir, sus notas sirven de guía en la coordinación y presentación de ideas, pero no especifican el uso, la coordinación de frases y palabras ni el énfasis que se le dará a cada una. La extensión del bosquejo varía de un predicador a otro. Hay algunos predicadores que usan bosquejos detallados; otros, llevan al púlpito notas muy breves. Hay momentos en que la situación requiere un lenguaje preciso, o cuando el material del sermón es de tal envergadura que requiere una coordinación de ideas bien exacta. En tal caso, el bosquejo extenso suele ser conveniente. Pero normalmente, el predicador no debe usar un bosquejo demasiado largo. Ello puede robarle su eficacia comunicativa. El predicador que desee predicar con notas debe tratar de preparar su bosquejo en tal forma que las ideas puedan ser reconocidas fácilmente en el momento de la predicación. Ello ayudará a la espontaneidad y quitará la impresión de estar leyendo la mayor parte del sermón, como suelen parecer algunos predicadores cuando predican con ayuda de un bosquejo. El bosquejo no debe ser tan largo que requiera volver las páginas. Ello suele distraer a la congregación. Un bosquejo bien organizado fomenta la brevedad y la concisión.

9.12 La predicación *memorizada* es un método muy antiguo que un número muy limitado de predicadores ha logrado cultivar por sus dotes personales. Como hemos notado, la memoria es considerada uno de los cánones de la retórica. Los antiguos rétores, especialmente los sofistas, solían darle mucha atención al canon de la memoria. Este método ha sido muy cultivado por los ingleses y los escoceses. Personalmente no le veo mucho valor para el predicador promedio que no tiene el don de una memoria aguda. Podría ser de gran ayuda para *ciertos predicadores en ciertas ocasiones* cuando se puede lograr una combinación *natural* de libertad personal con dicción y pensamientos exactos, cuidadosos y profundos. Algunos logran modificarlo memorizándose ciertas partes del sermón, tales como la introducción y la conclusión, con los elementos más importantes del cuerpo.

9.13 En algunos círculos se acostumbra predicar con ayuda de un *manuscrito.* Este método se dice haber sido introducido durante el reinado de Enrique VIII de Inglaterra. Muchos predicadores europeos y norteamericanos se pierden si no se acercan al púlpito con un manuscrito completo. Algunos leen su sermón palabra por palabra; otros leen sólo secciones. Spurgeon decía: " ¡la primera vez que escuché un sermón leído, me supo a papel y se me quedó atorado! ". Hay veces, sin embargo, cuando la ocasión exige un lenguaje preciso o cuando el predicador dispone de tiempo limitado. En tales casos, el manuscrito sermonario sería indispensable. El predicador que por una razón u otra escoja este método de presentación sermonaria, deberá obtener algún adiestramiento en interpretación oral (declamación, etc.) y oratoria (el arte de hablar en público). Será necesario que estudie su manuscrito con cuidado, que lo lea en voz alta no menos de cinco veces, que planee lugares de énfasis especial subrayando y haciendo anotaciones especiales y, sobre todo, que determine las pausas y las inflexiones. Lo más importante en todo acto comunicativo es el contacto con el receptor. El predicador deberá, pues, tener muy en cuenta a la congregación cuando predique por medio de un manuscrito. Deberá hacer hincapié sobre el contacto visual y estar muy alerta a los efectos reflejos de sus oyentes.

9.14 Finalmente, tenemos el método de *entrega espontánea* donde el predicador *no depende de notas.* El valor de este método está en el hecho de que el predicador no depende de un bosquejo o manuscrito, y esto le permite darse de lleno a su congregación y a la ardua tarea de comunicar la Palabra de Dios eficazmente. Por otra parte, este método tiene varias desventajas. Se corre el peligro de una preparación mental y espiritual inadecuada, se presta para mucha repetición, la verborragia, y una sobredependencia de los sentimientos del momento. Además, se puede dar el caso de que el predicador confunda la fluidez de palabras con la habilidad extemporánea.[2] La facilidad de palabras es una cosa; la habilidad extemporánea de hablar en público en forma natural, organizada, clara y eficazmente, es otra. La primera puede conducir a la segunda, pero no es su equivalente. La fluidez de palabras necesita ser cultivada y controlada; de lo contrario se corre el peligro de caer en la verborrea. La habilidad extemporánea es producto de un gran esfuerzo mental, largas horas de práctica y experiencia y mucha observación y reflexión.

9.2 Responsabilidad homilética

9.20 No importa el método de entrega que use el predicador; es imprescindible que sea responsable en su preparación. Es decir, el predicador debe ser homiléticamente responsable. Ello significa que debe sentir constantemente el peso de su responsabilidad para con la congregación, con Dios y el mensaje que él le ha llamado a predicar. Lo dicho tiene varias implicaciones negativas.

9.21 En primer lugar, implica que el predicador *no debe* llegar al púlpito sin haberse preparado física y emocionalmente Como vimos en el capítulo anterior, el predicador debe procurar resolver sus desbarajustes emocionales y sus conflictos personales antes de subir al púlpito. Un mal rato en el hogar puede afectar su predicación. Además de cuidar su salud emocional, debe cuidar su cuerpo físico. Debe cuidar su voz, ya que una voz ronca puede distraer y molestar a la congregación. Debe descansar lo suficiente como para no sentirse fatigado en su trabajo. Sobre todo, debe alimentarse bien, pero cuidándose de que la dieta se ajuste a su sistema fisiológico.

9.22 En segundo lugar, el predicador *no debe* llegar al púlpito sin haber estado en contacto previo con Dios. Hay que tener presente que el predicador no es llamado a predicar lo que le da la gana, sino lo que el Señor le envía a predicar. Además, si el mensaje ha de tener verdadero efecto, hablará primero al mensajero: lo confrontará con la realidad de su vida, lo redargüirá o lo edificará, lo llamará al arrepentimiento, o lo hará acercarse más a Dios. De todos modos, es menester que el sermón que se ha de predicar, lleve antes al predicador a los pies del Señor; de lo contrario predicará algo que no ha experimentado. Porque como he dicho, la predicación es preeminentemente un testimonio, no sólo de lo que Dios ha hecho en el mundo y en la vida de muchos, sino especialmente en la vida del predicador. La *exhortación* en la predicación viene como resultado de ese testimonio y de esa experiencia.

9.23 La responsabilidad homilética implica, en tercer término, que el predicador *no debe* llegar al púlpito sin antes haber pensado bien lo *que* ha de decir, a *quien* lo ha de decir y *cómo* lo ha de decir. No debe vacilar en preparar bien el contenido de su sermón. Su congregación merece eso y mucho más. El predicador que se atreve a subir a la plataforma sin haber investigado bien el pasaje sobre el cual va a hablar y sin haber arreglado bien lo que va a decir, salvo en casos muy excepcionales, sufrirá una gran decepción. Asimismo, debe reflexionar profunda y seriamente sobre las personas a quienes les va a dirigir ese mensaje. Debe pensar sobre sus características personales y colectivas, su trasfondo histórico y cultural, sus símbolos lingüisticos, sus habilidades intelectuales y su trasfondo religioso. Por ende, debe meditar sobre la manera como ha de presentar su mensaje. Por lo mismo, debe ensayarlo, mental o verbalmente.

9.3 Libertad retórica

9.31 La presentación más eficaz, desde mi punto de vista, es aquella que goza de lo que se podría describir como libertad retórica. Entiendo por "libertad retórica" la presentación natural, personal y espontánea del sermón. La predicación requiere espontaneidad, naturalidad y una entrega personal, porque la Palabra que Dios dirige al hombre es personal y directa.

9.32 ¿Cómo puede un predicador adquirir esa libertad retórica? Algunos han sido dotados de un talento natural tal que aun cuando leen un manuscrito, gozan de naturalidad y poder persuasivo. Sin embargo, la mayoría de los predicadores tienen que cultivar la libertad retórica. Es para éstos que la teoría de Koller sobre la "predicación sin notas" tiene importancia y pertinencia.

9.33 Veamos *lo que es y lo que no es* la predicación sin notas de acuerdo con Koller.[3]

9.33.1 Predicación sin notas, dice Koller, no es predicación sin preparación. Por el contrario, para predicar sin notas hay que hacer una preparación completa y minuciosa del mensaje que será presentado. No es tampoco preparación sin notas en el sentido estricto de la palabra, porque el meollo de esta teoría está en la organización cuidadosa de un buen bosquejo. Y definitivamente no es un "show" donde el predicador, separado del púlpito, llama la atención de la congregación al hecho de que no tiene necesidad de leer sus notas.

9.33.2 Para Koller, la predicación sin notas es más bien *predicación basada en la preparación minuciosa de un buen bosquejo sermonario, pero sin estar atado a su lectura.* Es predicación saturada de lo que se va a decir. Se concentra en la congregación y sus respuestas. Es producto de largas horas de trabajo de investigación, organización y memorización.

9.34 Consideremos algunas *ventajas* de la predicación sin notas.

9.34.1 Uno de los valores más fecundos de esta clase de entrega está en el hecho de que *aumenta el contacto visual* entre congregación y predicador. La vista es determinante en la comunicación. Como bien dice Koller: "El ojo es en sí mismo 'un órgano del habla y se necesita para cada comunicación".[4] El contacto visual no sólo ayuda a captar la atención de la congregación sino la retroalimentación del mensaje. Permite el encuentro de significados, ya que ayuda a crear una atmósfera dialógica. Ese intercambio entre predicador y congregación es vital para una comunicación eficaz. Como también ha dicho Crane:

> Un buen discurso público es en realidad un diálogo,
> una conversación. Por un lado el orador comunica

sus ideas y sentimientos mediante palabras, gestos del rostro, movimientos del cuerpo y el timbre de su voz. Por el otro lado, el auditorio recoge esta comunicación y responde, comunicando al que habla su aprobación, su hostilidad o su indiferencia mediante la postura de su cuerpo, los gestos de su rostro y la constancia de su atención. Pero si entre el que habla y los que escuchan se interpone un papel, queda rota la comunicación y lo que debía ser una conversación degenera en un monólogo.[5]

9.34.2 Por otra parte, hay que tener presente que *la mayoría de las congregaciones prefieren la predicación sin notas.* Esto es cierto de cualquier congregación, pero especialmente de las congregaciones latinas. Es que a todo ser humano le agrada la atención personal; prefiere la comunicación directa a la indirecta. Se entiende por *comunicación directa* aquella que se da cara a cara; *indirecta* es aquella que se da a través de un medio técnico, como el teléfono, una carta, etc.[6] Un papel de por medio tiene el mismo efecto que una conversación telefónica: impide una entrega completa, corporal, mental y emocional, al acto comunicativo. Por consiguiente, cuando se le pregunta a cualquier creyente que si prefiere escuchar un sermón en el cual el predicador depende de sus notas, o uno en que el predicador está libre de éstas, casi siempre la respuesta es en favor de este último.

9.34.3 Además, la predicación sin notas *contribuye poderosamente al desarrollo de las facultades del predicador.* Aumenta sus capacidades reflexivas y ejercita su memoria en la asociación eficaz de ideas afines. Le obliga a pensar mientras habla; a reflexionar y responder instantáneamente a los efectos reflejos de la congregación.

9.34.4 El predicador que usa este sistema de presentación recibe *gran inspiración.* Porque la predicación sin notas le permite hablar con libertad y comunicar con mayor eficacia. Ello en cambio le motiva a esforzarse todavía más y a vivir en un continuo romance con la predicación.

9.35 De acuerdo con Koller,[7] la predicación sin notas depende de tres factores básicos: saturación, organización y memorización.

9.35.1 Por *saturación* se entiende la completa familiaridad con el contenido del sermón. Implica un dominio interno de la materia que abarque tanto el consciente como el inconsciente. Ello requiere largas horas de estudio y reflexión. El proceso de saturación es contingente a dos procesos sico-educativos. El primero es el de la "tormenta cerebral" o "bombardeo mental" (*brain storming)* donde el individuo se somete a un período riguroso de reflexión sobre una materia dada, y trata de desglosarla anotando todas las ideas que le vienen a la mente. Este proceso está muy relacionado con lo que llamamos en el capítulo tres el proceso de invención, pero afecta también la fase organizadora del bosquejo. La "sedimentación" sigue a la tormenta cerebral en el sentido de que una vez que uno ha pasado por ese período de concentración rigurosa deja sedimentar las ideas en el subconsciente. Se pone a hacer cualquier otra cosa: da un paseo, se acuesta a descansar, lee el periódico, etc. Después de un tiempo de descanso mental, vuelve a reflexionar. Esta vez hay mayor fluidez de ideas, la coordinación de éstas se hace más fácil y hay un dominio mayor de la materia. La tormenta cerebral y el proceso de sedimentación son, pues, determinantes para la saturación del contenido. Dice Koller que el 50 por ciento de la predicación sin notas depende de la saturación del predicador con el material a ser predicado. El resto se divide entre la buena organización (40 por ciento) y la memorización pura (10 por ciento).[8]

9.35.2 Si bien es cierto que no puede darse un buen sermón sin un buen contenido, es también cierto que una *organización* pobre puede arruinar un buen contenido. La buena estructura es un requisito indispensable para la predicación eficaz. Como hemos notado, la buena organización es necesaria para una comunicación clara e inteligible. Para poder escuchar inteligiblemente es indispensable que el curso del pensamiento sea presentado en una forma clara. Cuando la estructura del sermón es dificultosa, generalmente, los oyentes se dan cuenta de la dificultad, aun cuando no se den cuenta de dónde procede.

9.35.21 La buena organización aumenta las posibilidades persuasivas del sermón. Los sentimientos de una congregación son excitados más poderosa y permanentemente cuando se apela a ellos en un orden natural. *Esto ayuda a la retención del contenido.*

9.35.22 La retención del mensaje por la congregación es un valor extraordinario de la buena estructura. Pero para que pueda darse este hecho es necesario que el predicador mismo tenga un *dominio cabal de la materia.* La buena estructura le ayuda a retener y recordar el material del sermón. Richard S. Storrs, uno de los homiléticos del siglo pasado, decía que para la retención y el recuerdo del material que va a ser predicado es necesario que la estructura del sermón sea sencilla, obvia y natural.[9]

9.35.23 La buena estructura ayuda más al predicador cuando éste depende de un *bosquejo preparado* con cuidado que cuando usa un manuscrito completo. El bosquejo se presta más para el estilo retórico que el manuscrito, porque se centraliza en una progresión de *pensamientos* en vez de palabras o frases combinadas, y le da una coherencia prosaica. Sin embargo, ésta última aunque hermosa, puede crear una confusión mental que impida al predicador predicar con libertad.

9.35.24 Pero para que el bosquejo sea un verdadero instrumento eficaz debe ser *conciso y exacto.* Conciso en el sentido de que debe concretarse a pensamientos expresados en oraciones simples y abreviadas pero inteligibles para el predicador. Y exacto en el sentido de que sólo contenga lo necesario. Los embellecimientos retóricos, la fraseología, las transiciones, etc., se dan en el acto mismo de la predicación.

9.35.25 El bosquejo debe ser estructurado en tal forma que las divisiones principales y las subdivisiones encajen en el cuerpo del sermón y le den *unidad y progresión.* De aquí que se recomienda que cada subdivisión se escriba en forma de oración simple y paralela con las otras, aunque no necesariamente mutuamente exclusiva. Las conexiones entre divisiones *no necesitan* ser parte del bosquejo, aunque deben ser ensayadas mentalmente antes de la presentación del sermón. Ello le dará más carisma a la predicación y hará la retención del bosquejo mucho más fácil.

9.35.26 Se sugiere que el bosquejo sea *escrito a mano* en un solo lado de una hoja de papel de 8 1/2 pulgadas por 11 o en una hoja de 5 por 7 3/4. Para las frases bíblicas exactas que han de ser usadas en la entrega debe tener solamente apuntes simbólicos, de modo que el predicador pueda recitarlas de memoria y no tenga que estar leyéndolas durante la predicación. (Véase ejemplo en la página No. 180).

9.35.3   El tercer factor determinante para la predicación sin notas, dice Koller, es la *memorización* pura del bosquejo. Hemos dicho que la memoria es una de las cinco leyes canónicas de la retórica. Según la teoría de Koller, el problema de la memoria se reduce un 50 por ciento por la saturación y otro 40 por ciento más por la buena organización.   No obstante, queda un 10 por ciento adicional que tendrá que darse a la memorización pura.   Para ayudar en este proceso, Koller sugiere las siguientes ayudas.

9.35.31   El uso de las ayudas visuales en la preparación del bosquejo.   La memoria visual es más fuerte que la oral y probablemente hasta más que la lógica.   De ahí que no son pocas las veces que se suele oír la expresión: "Me acuerdo de su cara, pero no de su nombre".   Hay por lo menos cuatro ayudas visuales que pueden usarse con éxito en la estructuración del bosquejo.

1.   La primera es *sangrar* las ideas principales y secundarias del bosquejo.   La subordinación se reconoce inmediatamente por la colocación.   Esto quiere decir que las ideas secundarias deben ir ubicadas debajo y varios espacios hacia la derecha de las ideas principales.   De este modo se reconoce instantáneamente el grado de importancia de cada aspecto del bosquejo.

2.   La segunda consiste en *subrayar* el título, la "Intr." de la introducción, la "Concl." de la conclusión y las divisiones principales. Esto contribuye a crear una buena impresión visual que a su vez ayuda en la retención del bosquejo.

3.   La tercera recomienda el uso de *números* en vez de letras, ya que la mente humana retiene más fácilmente los números que las letras.   "En la enumeración de las divisiones, la mente no funciona en términos de 'Razón A', 'Razón B' y 'Razón C', sino en términos de 'la primera razón', 'la segunda razón' y 'la tercera razón'".[10]

4.   La cuarta ayuda ya la he mencionado: *escribir a mano el bosquejo* en vez de mecanografiarlo.   Para apuntes concisos, la ortografía natural ofrece más flexibilidad que la mecánica para anotar especialmente toda una idea en una sola línea.   Además, la página escrita a mano da una imagen visual más fuerte que la página mecanografiada, por el esfuerzo adicional que requiere y por las irregularidades ortográficas.

5. Por ende, se recomiendan los apuntes y las abreviaturas en *oraciones cortas en vez de párrafos.* Los apuntes son frases que ayudan a recordar un pensamiento completo. Suelen ser muy eficaces para la retención de ilustraciones y algunos detalles que elaboran las divisiones principales. Sin embargo, las divisiones principales y las subdivisiones pueden recordarse más fácilmente cuando se expresan en oraciones cortas, pero completas.

9.35.32 *Brevedad en el bosquejo.* Cada línea representa un párrafo; cada párrafo 100 palabras más o menos. Para un sermón de 20 minutos se requiere un bosquejo de 40 a 60 líneas aproximadamente.

9.35.33 *Presentación de ideas en forma paralela.* Es decir, el bosquejo debe tener un mismo patrón de uniformidad en cuanto a frases, nombres, adjetivos u otras partes de la oración que ocupan una posición prominente en la coordinación de las ideas principales. Paralelismo implica, pues, coordinación y subordinación no sólo en la estructura del sermón, sino también en su presentación. Si, por ejemplo, el primer punto se da en forma de interrogante, el segundo y tercero se deben dar también como interrogantes.

9.35.34 *Limitación de las divisiones principales a un máximo de cinco.* Tradicionalmente algunos textos de homilética han recomendado que las divisiones principales del sermón sean tres, y mucho se ha dicho para ridiculizar esta idea. No hay nada de sagrado en el número de divisiones que debe tener un sermón, si dos o tres o cuatro. Lo que sí debe tenerse presente es el hecho de que *cuando tenemos sólo una división hay algo débil en la estructura.* O esa división es parte de la proposición y las subdivisiones son las verdaderas divisiones principales, o el predicador no ha estructurado bien su proposición, interrogante sermonaria, palabra clave y oración transicional. Es también importante tener presente que *la memoria tiende a cansarse cuando hay más de cinco categorías en una serie.*

> Tests[11] sicológicos en el campo de la educación han revelado que cuando hay más de cinco *items* para escoger, el discernimiento se oscurece y las selecciones se hacen correspondientemente menos confiables.[12]

El *tiempo disponible* para un sermón es otro factor en contra de sermones con más de cinco divisiones. Con el aumento que han producido los medios multisensoriales en la velocidad comunicativa del hombre moderno, se reduce cada vez más la eficacia de sermones largos. Hoy por hoy, después de 20 minutos ya se pierde a una congregación. Hay, por supuesto, muchas excepciones a esta afirmación. No obstante, queda en pie el hecho general de que el sermón eficaz es aquel que dice mucho en pocas palabras. De aquí la pertinencia de la sugerencia en cuestión: un sermón con más de cinco divisiones tiene más peligro de excederse al tiempo disponible que uno que tenga menos divisiones.

9.35.35 *Observación de las leyes naturales de la memoria.* Estas son tres.

1. La primera es la de *impresión.* Mientras más sentidos empleamos, más impresión obtenemos, y mayor será la probabilidad de que retengamos el material que se ha de presentar. La memorización de palabras y pensamientos es reforzada por la asociación de impresiones visuales y orales, y por el tacto y la moción.

2. La segunda ley de la memoria es la de la *asociación.* El proceso de aprendizaje y retención se mueve de lo familiar a lo no familiar. Las asociaciones no necesitan ser necesariamente lógicas, pero deberán ser tan vivas y fuertes como sea posible, de modo que puedan fortalecer las probabilidades de que el material sea recordado.

3. En tercer lugar está la ley de la *repetición.* La memoria requiere un proceso de repetición para la retención de palabras y conceptos. Esa repetición debe hacerse, no obstante, en intervalos cortos. Bien lo ha dicho Dale Carnegie:

> La persona que se sienta y repite algo constantemente
> hasta que logra asentarlo bien en su memoria estará
> usando dos veces más del tiempo y la energía necesaria
> para alcanzar el mismo resultado que cuando el proceso
> de repetición se hace en intervalos juiciosos.[13]

Es de gran ayuda para la predicación sin notas la práctica de repetir mentalmente el bosquejo antes de acostarse e inmediatamente después de levantarse. Como he indicado, ello ayuda en el proceso de sedimentación.

Puede también ser de gran ayuda el proceso normal por el cual pasan muchos actores al memorizar sus papeles dramáticos.

(1) Lectura completa del manuscrito.

(2) Copiar a mano el manuscrito.

(3) Grabar en cinta todo el manuscrito y repetirlo continuamente hasta que sea absorbido.

(4) Escribir a mano otra vez (de memoria) todo el manuscrito.[14]

9.4 Después de haberse saturado del contenido de su mensaje, haberlo organizado cuidadosamente en un bosquejo conciso, estudiado y memorizado, el predicador deberá orar, poner toda su confianza en el Señor y entregarlo con convicción, compasión y persuasión.

9.5 Ejercicios mentales y homiléticos.

9.51 Anote y explique brevemente los cuatro métodos de presentación sermonaria (cp. 9.1). ¿Cuál de ellos prefiere usar? ¿Por qué?

9.52 De acuerdo con el autor, ¿en qué consiste la responsabilidad homilética? (cp. 9.2).

9.53 ¿Qué entiende el autor por libertad retórica? (cp. 9.31). Piense en las veces que le ha tocado predicar o hablar frente a un público. ¿Ha gozado de libertad retórica? ¿Por qué sí, o por qué no?

9.54 De acuerdo con Koller, ¿qué no es y qué es la predicación sin notas? (cp. 9.33.1, 9.33.2).

9.55 ¿Qué ventajas tiene la predicación sin notas? (cp. 9.34).

9.56 Anote y explique los tres factores básicos de los cuales depende la predicación sin notas (cp. 9.35.1-9.35.3).

9.57 ¿Cuáles son las ayudas que sugiere Koller para acelerar la memorización del bosquejo? (cp. 9.35.31-9.35.35).

9.58 Explique el valor y significado de cada una de las *ayudas visuales* que recomienda Koller (cp. 9.35.31).

9.59 ¿Por qué se sugiere que el bosquejo sermonario sea escrito a mano? (cp. 9.35.31/4).

9.60 Estudie el bosquejo redactado a mano en la página 180·

Prepare ahora *a mano* un bosquejo suyo, usando su propio código de abreviaturas, sangrando las ideas principales y secundarias cuidadosamente, subrayando las secciones sugeridas en 9.35.31/2, usando números en vez de letras, poniendo las ideas en forma paralela y en oraciones cortas y esforzándose por hacerlo lo más breve posible. Compárelo ahora con el bosquejo que aparece en la página 180. ¿Nota alguna diferencia?

9.60.1 Estudie ahora su propio bosquejo por una o dos horas tratando de memorizar las ideas principales y secundarias. Trate ahora de predicarlo, en público o en privado (preferiblemente en *público*) sin *mirar sus notas*. Después de predicarlo, haga una evaluación personal de su experiencia al intentar predicar sin notas. Explique en la evaluación si tuvo problemas al tratar de recordar su bosquejo abreviado, cuánto tiempo hubo de por medio entre la memorización pura y la entrega, si sintió libertad al hablar y cómo cree que reaccionó la congregación ante el sermón.

El bosquejo escrito a mano en la siguiente página, una reproducción del que aparece en las páginas 93, 94, ilustra las ventajas visuales de la redacción a mano, el uso de números y abreviaturas, el bosquejo sangrado y las divisiones subrayadas. *Otros podrían tener problemas al tratar de descifrar la letra y las abreviaturas, pero no el predicador* que ha preparado el sermón y el bosquejo y que está bien saturado del material. Dada su familiaridad con su propia letra, sus abreviaturas peculiares y su propio método de "taquigrafía", el predicador no debe tener ninguna dificultad en captar el pensamiento codificado en el bosquejo. Sobre todo, no encontrará muy dificultosa la memorización de un bosquejo de esta índole preparado por él mismo.

Hacia un culto encarnado
(Ro. 12 : 1)

__Intr.__ Ser Xo. implica, entre otras cosas, consagr. abso. a Jx.
1. Ello está implícito en el llamado a la fe (Mt. 16 : 24).
   (1) El llama. a la fe en X. una convoca. a la obedien. radical.
   (2) Estar en X. implica estar compre. con él; hacerlo norma de nuestra conducta diaria.
2. En Ro. 12 : 1 P. plantea la consa. como un imperativo cate en v. de todo Xo.
   (1) Ello se deduce del hch. de q' la consa. genuina cons para P. la esencia de la v. cúltica del Xo.
   (2) Si el Xo., como da a entender Ro. 11 : 36 y Ef. 1.6, exist para la alabanza y gloria de X., luego podemos afir q' para P. la consa. es la expresión más alta del culto.
   (3) De ahí q' en este pasa. P. exhorta al Xo. a dar culte a X. por medio de una v. absolu. consa. a él.
   - Hay en el pasa. por lo menos dos razones q' respal la antedicha afirma.

__I.__ Pq' la consa. expresa en forma encarnada ntra. gratitud a D v. 1ª "Por las misericordias de Θ"
1. La v. consa. una expresión de gratitud. por miseri. de Θ. (Ilu) Las misericordias de Θ en Ro. 1-11.
2. La v. consa., por ser expresión de grati., comple. volun. "Os ru
3. La consa., como expresión de gratitud., una entra. del culto
   (1) El culto una respues. a la interven. misericor. de Θ.
   (2) La predi., el servi. al prójimo, etc. testimo. de la gra

__II.__ Pq' la consagra. es la única ofrda. acepta. para Θ. v.1ª "ne culto"
1. La Ofrda. marca el climax de todo acto de adora.
   - En culto público la esencia de la ofrda. en lo q' repr senta (v. y talon.)
2. La adora. tiene stdo. sólo en medida que se ofre. sacrifi
   (1) No se trata del sacrificio substi. de X., sino de ntros. co
   (2) No se trata de amortiguarlos, sino dedica. al servi. de X
3. La única ofrda. acepta a Θ ofrto. de ntros cuerpos vivos (continua.) e incendicio. en situa. concret. de ntro diario v (Ilu) Los profe. de Isr. y sacrifi. del phlo. (Mi. 6. 6-8; Sal. 51 : 17)

__Concl.__ Nuestro culto tendrá stdo. sólo en la medida q' drama. un culto enca en la situa. concreta de ntro. diario vivir.
1. En la medida en que refleje vs. consa. a X. en respues. a s Obra misericor.; testi. de gratí.
2. En la medida en que haya espíri. de arrepen. por las veces en que no presenta. ntros cuerpos en sacri. vivo y no he de ntra v. un culto encarnado.

Notas

[1] Cp. Perry, *Guide,* pp. 111-113.

[2] *Ibid.,* p. 112.

[3] Cp. Koller, *op. cit.,* pp. 34-40.

[4] *Ibid.,* p. 39.

[5] Crane, *op. cit.,* p. 222.

[6] Gerald Maletzke, *Sicología de la comunicación colectiva* (Quito: CIESPAL, 1970), pp. 22, 23.

[7] Cp. Koller, *op. cit.,* pp. 85-93.

[8] Apuntes tomados en clase en Trinity Evangelical Divinity School (Deerfield, Illinois, USA: año lectivo 1967).

[9] Richard S. Storrs, *Preaching Without Notes* (New York: Hodder and Stoughton, 1875), p. 109.

[10] Koller, *op. cit.,* p. 92.

[11] Subrayado es mío.

[12] Koller, *op. cit.,* p. 93.

[13] Dale Carnegie, *Public Speaking and Influencing Men in Business* (New York: Association Press, 1937), p. 109.

[14] Koller, *op. cit.,* p. 96.

CAPÍTULO 10

EL PREDICADOR Y EL ESTILO RETORICO

10.0 Además de gozar de libertad retórica, el predicador, para ser eficaz, necesita cultivar un buen estilo retórico. En un artículo sobre el estilo sermonario, Perry dice que

> El primer y más urgente problema del orador
> es el de hacerse entender   En el alcance de esta
> meta comunicativa a través del lenguaje hablado
> no hay otra parte de la retórica, con la posible
> excepción de la invención, que sea tan difícil
> de dominar como el estilo.[1]

10.1 Importancia del estilo retórico

10.11 El estilo retórico es importante para la predicación por el hecho de que encarna los pensamientos. El objetivo del estilo es "expresar los pensamientos por medio del lenguaje oral o escrito, de modo que las palabras y giros reflejen exactamente los conceptos".[2] Un estilo pobre casi siempre obscurece los pensamientos que se quieren transmitir.

10.12 El estilo es también importante, porque, como notamos en el capítulo VIII, el problema de la comunicación no está en el contenido de lo que se quiere decir, sino en la manera cómo se dice. El estilo retórico tiene que ver precisamente con la manera como uno se comunica oralmente.

10.13   El estilo es importante, en tercer término, porque ayuda a preparar, y por consiguiente, a abrir la mente del oyente para recibir y entender las ideas del mensaje presentado. El buen estilo redunda en llamar la atención al mensaje que se predica. Además, puede eliminar barreras de hostilidad entre el auditorio y el predicador.

10.2   Significado de estilo

10.21   El vocablo estilo viene del latín *stilus*.   Este era el término que se usaba para designar el punzón que usaban los antiguos para escribir sobre tablas. El estilo es la manera peculiar de expresar los pensamientos por escrito u oralmente. Es la expresión por medio del lenguaje, del pensamiento, las cualidades y el espíritu de una persona. El estilo involucra el uso correcto de palabras arregladas y expresadas en una forma correcta.

10.22   Hay que distinguir entre *estilo y estilos*.   Porque el hecho de que el estilo sea la forma peculiar de expresión de una persona, no quiere decir que no haya diferencia entre el buen estilo y los malos estilos.   Es cierto que cada persona tiene su estilo peculiar de expresarse. No obstante, hay ciertos principios estilísticos que, dentro de la relatividad de la estilística, sirven para distinguir el buen estilo de los malos estilos.   Estos principios dan un carácter uniforme al buen estilo pero reconocen la pluralidad de estilos de acuerdo con la peculiaridad sicológica y social de cada uno.

10.23   No sólo es necesario distinguir entre el buen estilo y los malos estilos, sino también entre el *estilo personal y los estilos funcionales*.   El estilo personal es la manera como se dice algo de acuerdo con la personalidad del comunicador.   Los estilos funcionales son las formas específicas de expresión que se usan para lograr los diferentes propósitos retóricos.   Tradicionalmente, los estilos funcionales han sido clasificados en un triple orden: el sublime, el moderado y el sumiso. El estilo *sumiso* se usa para enseñar. Es un estilo suave y conversacional. El *moderado,* para entretener, o sea, para reforzar o promover alguna idea. El *sublime* se usa para persuadir. Es un estilo grandioso, florido, dinámico y emotivo.

10.3   Factores influyentes en el estilo retórico

10.31   Uno de los factores más determinantes del estilo retórico es la *cultura*.   La cultura es el conjunto selecto de sentimientos, pensamientos, creaciones y reacciones de un grupo de personas que les distingue de otros grupos y que se transmite a través del proceso social a cada nueva generación. La cultura acondicionará el carácter del mensaje que se va a presentar. Afectará las palabras y la fraseología empleadas, las clases de ilustraciones seleccionadas y el tono de voz del predicador.

10.32 El *contenido* afecta también el estilo retórico. El predicador no usa la misma clase de estilo cuando predica sobre una doctrina bíblica que cuando predica sobre un personaje bíblico.

10.33 Otro factor determinante en el estilo retórico es la *personalidad* del predicador. Un predicador con una personalidad introvertida nunca predicará como uno con una personalidad fogosa.

10.34 El *propósito sermonario* desempeña también un papel importante en el estilo de presentación. Es obvio que un sermón evangelizador requiere un estilo diferente al de un sermón pastoral. En el primero seguramente habrá un estilo más fogoso que en el segundo.

10.35 Uno de los factores más determinantes es la *clase de auditorio*. Ya hablaremos más tarde sobre el problema peculiar de la congregación. Por el momento baste decir, generalmente hablando, que hay cinco clases de auditorios o congregaciones.[3]

    1. La congregación *apática*. Es la congregación indiferente. No está ni en contra ni a favor; está al margen.

    2. La congregación *crédula*. Responde favorablemente al mensaje; confía en la credibilidad del comunicador.

    3. La congregación *hostil*. No confía en el predicador o en su mensaje. Esa falta de confianza puede estar fundada bien en una actitud hostil hacia el predicador, sus ideas o la institución que representa.

    4. La congregación *dudosa*. Se siente indecisa respecto a la proposición que le ha hecho el predicador.

    5. La congregación *mixta*. Aquella que tiene un poco de las otras cuatro.

10.35.1 Cada una de estas clases de congregaciones afecta el estilo del predicador. La congregación *apática* reta al predicador a incluir en su sermón material que llame la atención. El estilo deberá ser, por lo tanto, variado, potente e interesante. Un estilo se hace más interesante cuando es directo. La introducción deberá ser llamativa. Para ello, deberá comenzar con una situación contemporánea. Por lo mismo, el predicador deberá evitar iniciar su sermón con una situación que se dio 1,000 o 2,000 años atrás.

10.35.2 La congregación *crédula* demanda que el predicador dramatice su sermón. Se puede dramatizar un sermón usando estadísticas, narrando detalles, usando figuras retóricas vivas y personificando diferentes personajes.

10.35.3 La congregación *hostil* exige que el mensaje sea presentado de tal manera que se apacigue la hostilidad antes de introducir el contenido básico. En otras palabras, el predicador deberá comenzar con símbolos, hechos y datos familiares y aceptables para la congregación. Debe evitar la polémica y la controversia.

10.35.4 La congregación *dudosa* requiere que el predicador incluya en su sermón abundantes datos estadísticos y concretos. Debe hacerse clara la diferencia entre inferencias y hechos.

10.35.5 La congregación *mixta* (la mayoría de las congregaciones son de este tipo) exige una tremenda versatilidad estilística. Para ello será necesario que el predicador estudie los diferentes rostros, el movimiento de los cuerpos, la dinámica del culto, el trasfondo histórico, cultural, social, económico y religioso de esa congregación y de la comunidad donde se encuentra ubicada. Pero de esto hablaremos después.

10.4 Estilo oral y literario

10.41 El estilo retórico puede ser oral o literario. La predicación exige un estilo oral y no literario, por cuanto el predicador es un orador y no un lector público.

10.41.1 El estilo oral tiene dos ventajas sobre el literario. Por una parte, puede usarse más la redundancia en la oratoria que en la redacción. Por la otra, amplía las posibilidades comunicativas, ya que el orador puede interpretar su significado no sólo verbalmente, sino también por su entonación, sus gestos y expresiones faciales.

10.41.2 La desventaja del estilo oral está en que el comunicador tiene que hacer claro el sentido de lo que está diciendo inmediatamente. En cambio, en el literario hay más tiempo para clarificar conceptos.[4]

10.42 Propiamente hablando, hay por lo menos seis diferencias entre el estilo oral y el literario.

     1. En el estilo literario las oraciones son más largas y más complejas, mientras que en el oral son más cortas.

     2. El estilo literario no permite tanta repetición como el oral. Sin embargo, esa repetición no debe hacerse exactamente de la misma manera; necesita ser variada. Se puede variar por medio de anécdotas, comparaciones, aplicando figuras retóricas y usando sinónimos.

     3. El estilo literario no requiere tantas ilustraciones como el oral.

     4. El estilo literario no requiere que el comunicador sea tan directo como lo requiere el estilo oral. Ello involucra el uso de pronombres, exclamaciones y mandamientos.

     5. En el estilo oral la terminología es más concreta y específica y se hacen más preguntas retóricas.

     6. En el estilo oral se usa más la progresión hacia un clímax que en el literario. Hay mayor velocidad y un entusiasmo exaltado producido por el tono de voz.[5]

10.5 Propiedad del estilo oral

10.50 Esta es la terminología técnica que usan los rétores para referirse a las cualidades que deben distinguir al buen estilo retórico. En la retórica clásica la propiedad del estilo es uno de los temas más discutidos. Se habla más sobre las cualidades del estilo que sobre su naturaleza e importancia. Muchas son las clasificaciones que se han ofrecido para la propiedad estilística. Por ejemplo, Ebenezer Porter, en sus *Conferencias sobre la homilética y la predicación y sobre la oración pública*, enfatizó cinco cualidades retóricas: pureza gramatical, perspicuidad, fuerza, belleza y sublimidad.[6] Años más tarde, Broadus, en su *Tratado sobre la predicación*, hizo una triple clasificación: perspicuidad, energía y elegancia.[7] Crane las divide en cuatro: pureza, claridad, energía e interés.[8]　En este trabajo sigo la clasificación de Perry en el ya mencionado artículo sobre el estilo sermonario. Son estas: claridad, energía, belleza, imaginación y economía.[9]

10.51　*Claridad*

10.51.1　La base fundamental de la comunicación cristiana es la transmisión clara de ideas.　La predicación es un medio popular de comunicación.　Tiene como finalidad destapar, interpretar, aplicar, en fin, hacer claro el mensaje bíblico.　Luego la perspicuidad no es un lujo, sino una necesidad.　Sin embargo, el problema es cómo lograr un estilo claro.　O puesto de otro modo, ¿cuáles son los requisitos para la perspicuidad estilística?

10.51.11　En primer lugar, la perspicuidad, o claridad, comienza en la mente del predicador.　Es necesario que el predicador entienda bien lo que quiere comunicar; de lo contrario, su mensaje reflejará la ambigüedad que existe en su mente al respecto.　Como bien dice Crane: "Las ideas vagas no engendran explicaciones claras".[10]

10.51.12　Pero no sólo es necesaria la claridad de pensamiento. El predicador necesita también definir sus ideas con precisión. Como afirma Crane otra vez:

> No hay dos palabras que signifiquen absolutamente
> lo mismo. La riqueza inagotable del idioma de
> Cervantes hace posible, por una parte, que se diga
> lo que se quiere; pero por otra parte, esta misma
> abundancia exige que se diga lo que se debe.[11]

10.51.13　La claridad de estilo requiere, en tercer lugar, que las ideas definidas sean expresadas en palabras y frases comprensibles para los que escuchan el sermón.　Dice Broadus: "ya sea que el predicador pueda llamarse lingüista o no, debe, a lo menos, saber dos idiomas, el de los libros y el de la vida práctica".[12]　Ese conocimiento del lenguaje del hombre común es indispensable para la selección de términos y frases inteligibles al auditorio y que expresen exactamente el pensamiento del predicador.　La meta de todo comunicador debe ser no sólo que sea entendido, sino también que no sea mal entendido.

10.51.14　De vital importancia para la comunicación es lo que Crane llama "el encadenamiento lógico de los diversos pensamientos del sermón".[13] Ello implica por lo menos la determinación de un propósito sermonario bien definido, la reducción del sermón a una afirmación sencilla y concisa (la proposición) que levante una interrogante, la selección de una palabra clave que responda a esa interrogante y que describa las divisiones principales del sermón, el desarrollo eficaz de las mismas, la formulación de una buena conclusión y de una introducción interesante, la incorporación de ilustraciones afines y la selección de un título llamativo.

10.51.15   La repetición variada de las ideas principales del sermón ayuda mucho a la claridad.   He aquí una de las grandes ventajas de las ilustraciones.   Estas aclaran puntos obscuros y recalcan las ideas enunciadas en formas diferentes de como fueron enunciadas.

10.51.16   La claridad de estilo recibe un tremendo empuje cuando el predicador personaliza su mensaje.   Cuando el predicador habla con su auditorio de tú a tú, como si estuviera en una conversación personal con cada oyente, éste se interesa más y escucha más que cuando el predicador da la impresión de estar hablando con un número indefinido de personas.

10.51.2   La claridad de estilo puede ser obstaculizada por la falta de aprehensión clara de las ideas que van a expresarse, el uso de palabras y construcciones obscuras, el mal uso de palabras (esto es particularmente importante para los hispanoamericanos por los diferentes significados que tienen ciertas palabras en los distintos países de la América Hispana) y el arreglo pobre.

10.52   *Energía*

10.52.1   La energía o viveza depende de la elección, uso y arreglo de los términos.   En la elección de palabras se deben tener presentes las figuras retóricas en vez de términos abstractos y generales. En ese sentido las metáforas deben tener preferencia a las comparaciones simples.   Debe arreglarse la terminología en oraciones variadas y concisas: oraciones simples, interrogativas, balanceadas y de estructura paralela.

10.52.2   La energía, animación o viveza tiene como fin estimular la atención del oyente.   Pero eso no es todo, también demuestra la convicción del oyente.   Ello provoca a su vez convicción y decisión.

10.52.3 Vale aclarar, sin embargo, que energía no es lo mismo que vehemencia.

> No se trata de que el predicador sea un gritón que golpee el púlpito y camine agitadamente de un lado de la plataforma a otro. La energía del sol es silenciosa, pero no por eso deja de producir efectos que ninguna otra potencia puede efectuar. La energía espiritual que debe caracterizar a la predicación cristiana es precisamente aquel poder que penetra el alma y la hace volverse de su pecado a un Dios perdonador. [14]

10.53 *Belleza*

10.53.1 Aunque no es tan importante como la claridad y la energía, contribuye, no obstante, a la eficacia comunicativa. Hay que tener presente que si bien es cierto que la predicación es un arte, su propósito no es el de deleitar y agradar sino el de comunicar. Claro que el arte, propiamente entendido, no es un simple entretenimiento, sino un medio poderoso de comunicación. Sin embargo, la mayor parte de lo que comunica son valores estéticos de la vida. Su persuasión es muchas veces sutil e indirecta. En cambio, la predicación procura comunicar hechos concretos en los cuales Dios ha dado a conocer su voluntad para con la humanidad. De ahí que en la predicación lo más importante sea la claridad enérgica con que se transmite el mensaje.

10.53.2 La belleza o elegancia estilística, sin embargo, puede ayudar a hacer el mensaje claro y enérgico. Lo hermoso y lo útil no son necesariamente antitéticos. "La verdadera energía es a menudo elegante a la vez". [15]

10.53.3 La belleza estilística depende de cuatro elementos importantes.

1. Los *términos* empleados bien pueden contribuir a la belleza estilística. Sin embargo, deberán ser términos enérgicos pero que se ajusten al ambiente cultural del auditorio. Hay palabras que si bien son enérgicas pueden resultar un tanto ofensivas para el auditorio debido a su connotación vulgar. Por otro lado, hay términos que aunque en su significado tienen una energía natural, resultan

grandilocuentes para el auditorio, y por tanto, le roban claridad al mensaje.

2. Algo muy importante para el cultivo de la elegancia estilística es el *arreglo* de las palabras. Aquí la variedad es imprescindible. Las oraciones muy suaves, la repetición frecuente de una palabra en una misma oración o párrafo y la constante sucesión de frases graciosas tienden a producir una monotonía desagradable al oído. El predicador deberá variar sus oraciones y párrafos con el uso ocasional de la antítesis y las frases ásperas que no sean vulgares.

3. También imparte belleza *el buen uso de las figuras retóricas*. Son de ayuda particular la comparación, la metáfora y la personificación.

4. Pero lo que más conduce a la elegancia de estilo es la *sencillez*. Por sencillez quiero decir aquello que es natural, directo y fácil de comprender. Es todo lo contrario a la elaboración excesiva, la ornamentación pomposa y la expresión grandilocuente. Dice Broadus:

> Un estilo sencillo es...el que desde luego hace
> percibir el pensamiento, el que es perspicuo, aun
> cuando puede haber cierta clase de perspicuidad
> sin verdadera sencillez. Puede aclararse una idea
> mediante la repetición y la ilustración; pero un
> estilo sencillo la hace clara desde luego, y en este,
> respecto la simplicidad demanda de perspicuidad
> que en otro lugar hemos mencionado: el lenguaje
> debe ser de fácil comprensión para los oyentes, y
> expresar exactamente la idea...
>
> Por otra parte, un estilo [sencillo] ...es el que no es
> laborioso o artificial, sino que fluye libremente,
> con naturalidad. [16]

Hay que tener cuidado, sin embargo, de no caer en la "afectación de simplicidad". La sencillez estilística es aquella que fluye en forma natural. El predicador sencillo es aquel que habla con naturalidad y no imitando a otro o esforzándose por usar expresiones coloquiales. Porque la verdadera sencillez de estilo se caracteriza por movimientos fáciles y belleza natural. La sencillez estilística se desarrolla por la autocomprensión y la aceptación de uno mismo tal y como uno es.

Pero esto es apenas el principio. Son necesarios, además, la paciente reflexión, disciplina de la imaginación y un dominio del idioma.

10.54   *Imaginación*

10.54.1   Es uno de los atributos más importantes de la estilística homilética y de la predicación en general. Broadus hace hincapié sobre cuatro valores de la imaginación en la predicación. [17]

10.54.11   En primer lugar, la imaginación es indispensable en la construcción sermonaria. Ayuda a combinar las diferentes partes del sermón para darle una estructura simétrica. De esta manera se le da frescura e interés a materiales familiares.

10.54.12   Además, la imaginación ayuda al predicador a darle forma y expresión concreta a las ideas. Es así como la imaginación le permite al predicador traducir sus pensamientos abstractos en cuadros sobre la realidad. La imaginación es, pues, el puente comunicativo para la transformación de ideas en símbolos familiares. Esos símbolos encienden la imaginación del oyente y afectan sus sentimientos y voluntad.

10.54.13   Tercero, la imaginación le ayuda al predicador a entender el mensaje bíblico, cuya interpretación y aplicación es la función propia de la predicación. Ya que más de la mitad de la Biblia consiste en material narrativo, es importante que el predicador no sólo pueda visualizar los sucesos y las escenas narradas en ella, sino también describirlas con viveza.

10.54.14   Igualmente valiosa es la ayuda enfática que la imaginación le ofrece al predicador. Es decir, la imaginación ayuda al predicador a visualizar enfáticamente las experiencias y los problemas de aquellos a quienes ha de dirigir su predicación. Ello le da vigencia a la predicación y eficacia comunicativa, ya que todo gesto comunicativo requiere que el comunicador enfoque su mensaje en el comunicando.

10.54.2   La imaginación es la visualización de nuestros pensamientos. Usa y manipula lo que ya se ha descubierto. Por tanto, parte de elementos acumulativos de la experiencia, la observación y la intelectualización. La imaginación hace uso de la memoria pero va más allá de la sencilla reproducción de pensamientos abstractos y hechos concretos. La imaginación los compara, observa sus relaciones y los encamina en nuevas relaciones. La imaginación es "el poder para evocar lo proféticamente nuevo de lo antiguamente familiar".[18]

10.54.3 La imaginación se cultiva por el estudio sistemático de la literatura poética y prosaica, el estudio de la naturaleza, el comportamiento personal y colectivo de la gente y los acontecimientos de la época actual. Pero más que cualquier otra cosa, la imaginación homilética se cultiva por medio de la oración, la meditación espiritual y la reflexión teológica.

10.55 *Economía*

10.55.1 Como hemos notado, esta es una cualidad que no puede ser tenida en poco en nuestra época. Los medios modernos de comunicación han puesto a la comunicación homilética en un estado de crisis. Esa crisis es el resultado de la verbosidad (de la paja, por así decirlo) que tanto ha caracterizado a la predicación cristiana. La multiplicación de la velocidad comunicativa del hombre hace necesario que la comunicación sea rápida y breve, especialmente cuando se trata con una situación como la predicación donde la participación del auditorio está limitada por el ambiente cultural, existencial, sicológico y social.

10.55.2 La predicación tiene, pues, que ser caracterizada por un estilo económico. Ello quiere decir que las ideas tienen que ser presentadas en tal forma que puedan ser comprendidas con el mínimo esfuerzo mental. Ello exige que el predicador diga lo que tiene que decir en la forma más clara y sencilla y dentro de un tiempo corto. No hay otra alternativa. El predicador que quiere comunicar su mensaje eficazmente tiene que ir al punto, ser breve, claro y conciso.

10.6 Ejercicios mentales y homiléticos

10.61   ¿Cuál es el primer y más urgente problema del predicador? (cp. 10.0).

10.62   ¿Por qué es el estilo retórico tan importante para la predicación? (cp. 10.1).

10.63   ¿Qué se entiende por estilo? (cp. 10.21).

10.64   Explique la diferencia entre el buen estilo y los malos estilos y entre el estilo personal y los estilos funcionales (cp. 10.22, 10.23).

10.65 ¿Cuáles factores influyen y determinan el estilo retórico de un predicador?   (cp. 10.3).

10.66 Explique las cinco clases de congregaciones que menciona el autor y cómo debe moldear el predicador su estilo para ajustarse a cada una de ellas (cp. 10.35).

10.67 Explique en pocas palabras la diferencia entre el estilo oral y literario (cp. 10.4).

10.68 Anote y explique, en pocas palabras, las cinco propiedades del estilo retórico (cp. 10.5).

Notas

[1] Lloyd Perry, "Sermonic Style in Contemporary Terms", en *Dictionary of Practical Theology*, Ralph Turnball (ed.), (Grand Rapids: Eerdmans, 1967), p. 74.

[2] Luis Miranda Podadera, *Curso de redacción* (Madrid: Editorial Hernando, 1968), p. 22.

[3] Perry, en su *Guide*, menciona cuatro: la apática, la crédula, la hostil y la dudosa. Cp. *Ibid.*, pp. 113-120.

[4] Perry, *op. cit.*, p. 78.,

[5] Cp. *Ibid.*

[6] Cp. Ebenezer Porter, *Lectures on Homiletics and Preaching and on Public Prayer* (Andover and New York: Flagg, Gould and Newman. 1834).

[7] Cp. Broadus, *op. cit.*, versión castellana, Parte III.

[8] Cp. Crane, *op. cit.*, pp. 209-212.

[9] Cp. Perry, *op. cit.*, pp. 76 78.

[10] Crane, *op. cit.*, p. 210.

[11] *Ibid.*

[12] Broadus, *op. cit.*, p. 214.

[13] Crane, *op. cit.*, p. 211.

[14] *Ibid.*

[15] Broadus, *op. cit.*, p. 241.

[16] *Ibid.*, p. 244.

[17] *Ibid.*, versión en inglés revisada por Jesse Burton Weatherspoon (New York: Harper and Row, 1944), p. 282ss.

[18] S. Parkes Cadman, *Imagination and Religion* en *Ibid.*, p. 282.

CUARTA PARTE

La predicación y la congregación

CAPITULO 11

IMPORTANCIA Y PROBLEMATICA DE LA CONGREGACION

11.0 Hasta el momento hemos considerado la predicación en su perspectiva teológica, retórica y sicológica. Ahora nos corresponde examinarla en su contexto social, es decir, desde el punto de vista de la congregación.

11.1 La importancia de la congregación para la predicación

11.11 La importancia de la congregación para la predicación se desprende del carácter existencial de esta última. En el primer capítulo notamos que la predicación tiene como finalidad la totalidad de la existencia humana. Se concentra, por tanto, en la situación concreta del diario vivir. Frente a esta realidad, el predicador necesita estar consciente de la situación existencial en que se encuentra cada miembro de su congregación. Porque el éxito de su misión, como heraldo de un mensaje profundamente existencial, dependerá de la medida en que lo pueda hacer vigente y pertinente a los problemas e intereses de aquellos a quienes les predica. Pero para ello necesita conocerlos genuinamente.

11.12 Por otra parte, el hecho de que la predicación cristiana sea de por sí un esfuerzo comunicativo hace imprescindible el papel de la congregación para el efecto final de la predicación. Porque toda comunicación tiene que tener como foco al receptor; de lo contrario yerra el blanco. Ello se debe al hecho de que la comunicación eficaz está condicionada por lo menos por dos fenómenos sociales: los marcos de referencia de cada miembro de la congregación y los grupos a los cuales pertenecen.

11.2 Los marcos y grupos de referencia y el comportamiento comunicativo de la congregación.

11.20 Se entiende por marco de referencia *la colección de experiencias y significados, el concepto de valores relativos a nuestro propio yo y a los grupos a que pertenecemos.*[1] Estos grupos tienen normas y creencias que afectan decisivamente nuestra conducta, moldean nuestras actitudes y desempeñan papeles determinantes en las decisiones que tomamos.

11.21 *Los marcos de referencia*

11.21.1 Los marcos de referencia de los miembros de una congregación determinan el *significado* que éstos le dan a los símbolos lingüísticos empleados en un sermón. Determinan si los significados son denotativos o connotativos, superficiales o latentes.[2]

11.21.11 El significado *denotativo* es el que comúnmente da el diccionario. El *connotativo* es el significado emotivo o evaluativo. Varía notablemente entre las personas y con el tiempo hasta puede variar con respecto a un solo individuo. Por ejemplo, una hoz y un martillo tienen una connotación diferente tanto para un comunista como para un no-comunista. Sin embargo, pueden tener una misma denotación si usan un mismo diccionario o estudiaron en una misma escuela.

11.21.12 Es *superficial* aquel significado inmediato que se le da a una expresión común, tal como "buenos días". Cuando uno usa esta expresión no se refiere al cielo azul o al sol resplandeciente, sino que está indicando su relación social con el receptor. En efecto le está diciendo: "seguimos siendo amigos" o "me alegro de verte".
En cambio, el significado *latente* se deriva del contexto de la relación del comunicador con el receptor. Sólo se puede captar en el transcurso de la comunicación.[3]

11.21.2 Los marcos de referencia determinan también el grado de influencia que puede ejercer el predicador y su mensaje sobre la congregación.

11.21.21 Si son *extensos y relativamente completos* (o sea: si son experiencias, significados y conceptos de valores dominantes), toda nueva información que sea *contraria* a los mismos producirá muy pocos cambios dignos de atención. En estos casos los marcos de referencia obstruyen el paso a la nueva información. Por otro lado, toda nueva información que *no sea contraria* es aceptada y redunda en el reforzamiento de las experiencias, significados y valores de la congregación.

11.21.22 Cuando los marcos de referencia son *superficiales e incompletos,* toda nueva información contraria a estos aumentará el nivel de incertidumbre. Ello no quiere decir que la nueva información resultará en el abandono de actitudes, etc. Pero sí oscurecerá el papel que desempeñarán en decisiones futuras.

11.21.23 Si los marcos de referencia son *superficiales y permanecen incompletos,* toda información nueva que *no sea contraria* a los mismos hará menguar su nivel de incertidumbre. Dicha información, entonces, ayuda a completar los marcos de referencia de los miembros de esa congregación de tal manera que pasa a ocupar un lugar decisivo en futuras decisiones.[4]

11.21.3 Los marcos de referencia se construyen como resultado del contacto de un individuo con un grupo determinado y de su participación en el mismo. El conocimiento de los grupos de referencia de los integrantes de la congregación le permite al predicador predecir con más exactitud el efecto probable de su sermón.

11.22 *Los grupos de referencia*

11.22.1 Los grupos de referencia[5] ejercen una doble función. En primer lugar, al establecer normas de comportamiento ayudan a determinar la conducta de sus miembros. En segundo lugar, funcionan como norma para hacer decisiones sobre los mensajes que se reciben Es decir, sirven de referencia comparativa para las decisiones que un individuo es llamado a tomar por los mensajes persuasivos que recibe. Es así como las decisiones que tomamos en público en respuesta a cualquier comunicación las tomamos usando como referencia los grupos a los que pertenecemos.

11.22.2 Los grupos de referencia se pueden *clasificar* por sus miembros. Hay grupos de *miembros fijos* y grupos a los cuales el individuo *no pertenece* pero que le sirven como medida, norma o referencia comparativa en los juicios de valores que hace.

11.22.21 Los grupos de *miembros fijos* tienen una doble subcategoría. Hay algunos a los cuales el individuo pertenece involuntariamente. Se les denomina "grupos demográficos".[6] Son los que se caracterizan por una serie de variables, tales como la edad, el sexo, el origen étnico, nivel de inteligencia, etc. Hay otros grupos de miembros afiliados voluntariamente. Se les conoce como "asociaciones voluntarias".[7] Involucran asociaciones como denominaciones, iglesias locales, grupos educativos, sociales y profesionales y organizaciones políticas.

11.22.22 Los grupos de *miembros no fijos* pueden ser de carácter positivo o negativo. Un grupo de referencia positiva al cual el individuo no pertenece es aquel al cual aspira o admira. En cambio, uno de referencia negativa es aquel al cual se opone. La selección de estos grupos como referencia comparativa o normativa se hace de acuerdo con la ambición o el desprecio. Los grupos a los cuales se aspira pertenecer son seleccionados como de referencia positiva; y a la inversa, grupos despreciables son los seleccionados como referencia negativa. Por ejemplo, un país que aspira al sistema y nivel de vida estadounidense usará a EE.UU. de Norteamérica como referencia positiva y a Rusia como referencia negativa, y viceversa.

11.23 Por supuesto, hay en cada uno de nosotros tanto una jerarquía de grupos como de valores. Algunos ejercen más influencia que otros. Esa influencia varía muchas veces de acuerdo con la decisión que tenemos que hacer. Si es una decisión ético-profesional, invocamos la asociación profesional a la que pertenecemos; si moral, a la familia, la iglesia, la comunidad, etc. Lo dicho no sólo acentúa el papel decisivo que desempeña la congregación con sus marcos y grupos de referencia, sino que nos mete de lleno en la problemática que le plantea a la predicación la composición sicosocial de la congregación.

11.3 El problema de la congregación

11.31 Como hemos notado, la congregación es un grupo grande y complejo que aunque se distingue por su interacción, se encuentra, no obstante, limitada por la diversidad de sus componentes. Cada uno es un mundo aparte, por así decirlo. Tienen distintos marcos de referencia y pertenecen a redes de grupos y asociaciones complejas y diferentes. Varían en su trasfondo cultural e intelectual, en su posición social y económica. Por lo tanto, cada uno percibe las cosas a su manera y tiene problemas distintos. Esta situación compleja le impide al predicador un conocimiento profundo de la congregación. De ahí que su comunicación tenga un carácter tentativo, aproximado y casi adivinado.

11.32 La complejidad del proceso comunicativo hace el problema todavía más agudo. Como notamos en el segundo capítulo, la comunicación es un proceso sicológico que involucra la codificación de concepciones mentales. Estas son a la vez el resultado de una o más reacciones, ante una situación provocativa interna o externa, enviadas a una o más personas en una clave simbólica. Estas personas tienen que participar también en un proceso complejo al captar el mensaje del comunicador. Luego el receptor decodifica esa clave, la interna y reacciona. Sus reacciones se convierten en concepciones que a su vez son agrupadas en otra clave simbólica y enviadas al comunicador.

11.33 El problema está no tanto en la complejidad del proceso mismo como en las limitaciones que la predicación (como usualmente se practica) le impone a la congregación. Es decir, la congregación se ve cohibida de responder a ese mensaje complejo abierta y espontánea-mente. De ahí que el predicador no tenga la menor idea de si ha logrado comunicar su mensaje o no.

11.4 Ante la importancia decisiva de la congregación en la predicación surge, pues, un gran dilema: ¿cómo lograr un encuentro de significa-dos de modo que el predicador pueda penetrar con su mensaje hasta lo más recóndito de su congregación y cumplir así con su propósito y responsabilidad? En el próximo capítulo trato de hacer algunos apuntes que espero puedan señalar hacia la solución de este problema.

11.5 Ejercicios mentales y homiléticos

11.51 ¿Por qué es la congregación tan importante para la predicación? (cp. 11.1).

11.52 ¿Cómo afectan los marcos de referencia a la congregación en relación con la predicación? (cp. 11.21.1, 11.21.2)

11.53 Explique las cuatro clases de significados que según el autor son determinados por los marcos de referencia (cp. 11.21.11-11.21.12).

11.54   En las secciones 11.21.21-11.21.23 el autor señala tres posibles situaciones que ilustran los diferentes grados de influencia que puede ejercer el predicador y su mensaje sobre la congregación dependiendo de la intensidad de los marcos de referencia de cada miembro. Estudie estas tres situaciones y explíquelas en sus propias palabras.

11.55   ¿Cómo se construyen los marcos de referencia? ¿Qué efecto tiene sobre el predicador el conocimiento de los grupos de referencia de la congregación? (cp. 11.21.3).

11.56   ¿Qué función ejercen los grupos de referencia? (cp. 11.22.1).

11.57   Explique las dos clases de grupo de referencia que menciona el autor en las secciones 11.22.2, 11.22.21 y 11.22.22.

11.58   ¿Cuándo invocamos un grupo o valor dado? ¿Por qué? (cp. 11.23).

11.59   Específicamente, ¿cuál es el problema de la congregación para la predicación? (cp. 11.3).

Notas

[1] Cp. Edwin Emery, Phillip H. Ault y Warren K. Agee, *Las comunicaciones en el mundo actual* (Cali: Editorial Norma, 1967), p. 23.

[2] Cp. *Ibid.*, p. 23. También, Wilbur Schramm, *Introducción a la comunicación humana* (México: Editorial Roble, S.A., 1966), p. 18.

[3] *Ibid.*

[4] Cp. Erwin P. Bettinghouse, *Persuasive Communication* (New York: Holt, Rinehart and Winston, 1968), p. 28s.

[5] Para una discusión amplia sobre la naturaleza y función de los grupos véase cualquier tomo de introducción a la sociología o a la sicología social. Uno de los trabajos más sencillos y provechosos sobre esta teoría de grupos es el de M.S. Olmsted, *El pequeño grupo* (Bs. Aires: Paidós, 1966).

[6] Bettinghouse, *op. cit.*, p. 31.

[7] *Ibid.*

CAPITULO 12

HACIA UN ENCUENTRO DE SIGNIFICADOS

12.1 La necesidad de un encuentro entre predicador y congregación.

12.11 En la obra ya citada, Ruel Howe define la comunicación como "un intercambio por el cual se da y se recibe información y significado entre individuo y entre grupos".[1] Ello implica lo que ya se ha señalado en capítulos anteriores, a saber: que uno de los objetivos primordiales de la comunicación es producir en el receptor una respuesta al mensaje transmitido. Ahora bien, dada la complejidad mencionada en el capítulo anterior, se sigue que para la buena comunicación es vital un encuentro de significados entre comunicador y receptor; de lo contrario, éste responderá a un mensaje que el otro no ha tenido la menor intención de enviar. Este encuentro requiere que el comunicador tenga una actitud responsiva "a las normas, a los moldes de la experiencia y a la comprensión que las personas aportan a una determinada situación"[2] comunicativa.

12.12 En este capítulo exploraremos la posibilidad de un genuino intercambio de respuestas entre predicador y congregación. Un intercambio de respuestas inteligibles aumentaría el éxito comunicativo de la predicación, por cuanto eliminaría muchas de las barreras que normalmente obstaculizan el proceso comunicativo. Crearía un ambiente de libertad donde la congregación, sin cohibiciones sicológicas o sociales, estaría capacitada para tomar decisiones responsables frente a las demandas que presenta la predicación a todo ser humano.

12.13   Para alcanzar este fin, invocaremos la ayuda de tres expertos en el campo de la comunicación. El primero nos ayudará a acercarnos al problema desde el punto de vista de los grupos de referencia. El segundo nos ayudará a responder al problema de la congregación partiendo de las necesidades y contexto socio-intelectual. Y el tercero encausará nuestro estudio en la selección adecuada de los mejores canales para un encuentro genuino de significados.

12.2   La congregación y sus grupos

12.20   En su obra, *La comunicación persuasiva*, Erwin P. Bettinghouse, considera, entre otras cosas, el uso positivo de los grupos de referencia para la comunicación eficaz. Partiendo del hecho de que no todos los receptores de un mensaje hacen sus juicios sobre la persuasión en base a los grupos que usan como referencia, Bettinghouse afirma que el comportamiento de muchos revela que aunque no todas las respuestas que dan a un mensaje particular son afectadas por sus grupos de referencia, muchas sí lo son. De aquí, sugiere cuatro pasos que el comunicador persuasivo podrá tomar para hacer uso eficaz de los grupos de referencia de su auditorio.[3]   Cada paso se puede aplicar al problema de la congregación, y podría contribuir positivamente a la ardua tarea de lograr un encuentro de significados entre predicador y congregación.

12.21   El primer paso tiene que ver con *la asociación de un grupo dado con el mensaje*.   Cuando el comunicador tiene información sobre los grupos de referencia del receptor, puede aludir en su mensaje a uno de esos grupos.   Al enfocar el mensaje en uno de los grupos de referencia del receptor, el comunicador aumenta su credibilidad, y por consiguiente, la probabilidad de que el receptor reciba el mensaje favorablemente.

Por ejemplo, supongamos que a usted lo invitan a predicar en un colegio público. Al estudiar de antemano su probable congregación usted descubre que no sienten mucho interés por las cosas religiosas y por escuchar a un predicador evangélico.   Por otra parte, usted descubre que un gran porcentaje de los estudiantes sienten profunda admiración por un futbolista que además de destacarse por sus habilidades atléticas se le reconoce por su consagración a Jesucristo. En el transcurso del mensaje, quizás al principio, usted, entonces, puede hacer referencia a esta persona; hablar de sus logros deportivos y de su fe en Cristo. Al relacionar a este personaje, miembro de una "élite atlética" a la cual gran número de los miembros del auditorio aspiran pertenecer, su mensaje será recibido mucho más favorablemente que si lo entregara sin ninguna alusión a uno de los grupos de referencia del auditorio.

12.22 Al preparar su mensaje, el comunicador deberá tener presente el hecho que *los grupos tienen diferentes valores como grupos de referencia.* Como dije en el capítulo anterior, hay algunos grupos que son invocados como referencia más frecuentemente que otros. Por ejemplo, para muchos la familia es uno de los grupos de referencia más fuertes. Por tanto, si la familia está en contra de lo que el comunicador está tratando de transmitir, muy probablemente lo estará también el receptor inmediato.

Los grupos de referencia cambian con frecuencia. Hay, sin embargo, algunos que tienen más influencia que otros. De ahí que grupos como la iglesia local, la denominación eclesiástica, las asociaciones ocupacionales, los vecinos y los amigos íntimos, aunque cambian, no obstante, sirven de referencia más frecuentemente que las asociaciones de graduados de instituciones académicas o los partidos políticos, porque en estos el individuo no tiene mucho contacto personal con otros miembros del grupo.

12.23 En tercer lugar, hay que tener presente que *los grupos de miembros fijos establecen casi siempre ciertas normas de conducta y creencia para sus miembros.* El comunicador eficaz usará esas normas para aumentar la probabilidad de que el receptor responda inteligiblemente al mensaje transmitido.

12.24 Finalmente, *el ambiente físico* puede aumentar o disminuir la probabilidad de que se prefiera a un grupo de referencia en vez de otro. El comunicador puede controlar bastante la selección de un grupo de referencia dado haciendo uso eficaz del panorama físico que rodea a la situación comunicativa. Los uniformes, las insignias de la agrupación y cuadros alusivos a la ocasión, pueden ser usados para lograr que el receptor seleccione como referencia un grupo determinado. Por supuesto, el comunicador podrá lograr este fin siempre y cuando el referido grupo esté dentro del repertorio de grupos de referencia del receptor.

En otras palabras, la creación de un ambiente alusivo al mensaje puede aumentar la probabilidad de su receptividad. Es así como los cuadros e himnos patrióticos pueden ser medios útiles para que la congregación use a la patria como referencia en un determinado mensaje sobre la responsabilidad cívica del cristiano. Lo mismo se puede decir respecto a las múltiples ocasiones especiales que celebramos en nuestras iglesias todos los años. Podemos crear un ambiente tal que permita al receptor relacionar uno de sus grupos de referencia favorable al mensaje que está escuchando.

12.3 La congregación, sus necesidades y su contexto socio-intelectual

12.30 Otra manera de acercarnos al problema de la congregación es a través de las necesidades y el contexto socio-intelectual de la congregación. En su libro, *La predicación y la mentalidad contemporánea*, [4] Merrill Abbey resume el problema de la congregación para la predicación en dos preguntas clave: (1) ¿Cómo puede el predicador penetrar en la compleja mentalidad contemporánea? (2) ¿Cómo se puede transmitir el corazón vital del mensaje cristiano al hombre contemporáneo en la situación concreta de su diario vivir? A estas dos interrogantes, Abbey responde que la única forma en que el sermón puede llegar a la congregación es centralizándose en las necesidades de la misma y tomando en serio su contexto social e intelectual. Agrega que la función del predicador es penetrar profundamente en la mente de sus oyentes, tomando en serio sus necesidades y sus marcos de referencia (o los sentidos que le dan a los símbolos), creando un encuentro dinámico entre Cristo y la cultura contemporánea y retando al oyente a corregir algún axioma falso hecho evidente por la luz del evangelio. Consideremos estas recomendaciones de Abbey en una forma más detallada.

12.31 *El encuentro mental entre predicador y congregación.* [5]

12.31.1 La diversidad de una congregación hace necesario que el predicador halle un denominador común. Para encontrar ese denominador el predicador *necesita entender las actitudes y los marcos de referencia* de los miembros de la congregación. Es decir, es necesario que entienda los diversos sentidos que su congregación le da a los símbolos, y que busque símbolos verbales y no verbales que transmitan el significado del evangelio.

12.31.2 Además de comprender las actitudes y significados de la congregación, para lograr un genuino encuentro mental con su congregación, el·predicador *necesita involucrar a la misma en una genuina experiencia dialogal.* El sermón, dice Abbey, debe captar la imaginación y el interés de todos los miembros de la congregación, de tal manera que se sientan involucrados en el asunto y respondan, con preguntas y respuestas si no en voz alta, por lo menos mentalmente. Para ello, el predicador deberá anticipar las interrogantes existenciales de sus oyentes y responder a ellas desde la perspectiva del evangelio. Además, será necesario que anticipe sus objeciones y las responda, no como un ultimátum dado de arriba abajo, sino como un esfuerzo cooperativo del predicador y la congregación.

12.31.3 Lo dicho, sin embargo, establece que el predicador *necesita ser un fiel oyente de las inquietudes de sus contemporáneos y un observador agudo de los problemas de su mundo.* Deberá oír las interrogantes y asunciones del pueblo tan atentamente como escucha la voz de Dios en la oración y la lectura de la Biblia. Además, deberá identificar los problemas cruciales de su época y dirigir las afirmaciones básicas de su mensaje a las preguntas que sus semejantes están tratando de contestar, porque su congregación no es nada menos que una expresión de la sociedad.

12.31.4 Ese intento de oír fielmente y de observar con precisión las interrogantes y problemas de su congregación *determinará su programa de lectura.* El predicador debe leer libros de filosofía e historia para descubrir las preguntas que se han hecho tradicionalmente. Procurará también leer lo que se escribe en su tiempo.

> El predicador leerá a los pensadores de su época
> no sólo porque lo que dicen puede reforzar su
> mensaje, sino también para comprender los
> problemas por los cuales luchan, las dificultades
> que ven, en dónde retan su interpretación de la
> fe y cuáles son las razones profundas que les
> separa de esa fe. El predicador deberá exponerse
> a los medios masivos [de comunicación] no

meramente para seguir su constante imagen
cambiante, sino también para tratar de entender
lo que ellos aceptan como natural y lo que indican
sobre las presuposiciones reservadas de su auditorio.[6]

12.32   *Reconciliación de la autoridad con la comunicación.*[7]

12.32.1   Dice Abbey que la predicación que se concibe como puro
acto comunicativo y abandona su carácter autoritativo, fracasa en su
intento de comunicar.   Pero la predicación que enfatiza su carácter
autoritativo a expensas de las leyes básicas de la comunicación, pierde
su autoridad y se convierte en autoritaria.   Se hace, pues, necesario
que el predicador combine el sentido de autoridad de la predicación
con la técnica de la comunicación.

12.32.2   La reconciliación entre autoridad y comunicación se logra
cuando el predicador concibe la autoridad de la predicación como un
acontecimiento en el cual Dios esta presente por medio de su Espíritu
y le da a su mensaje una orientación personal; esto es, cuando el
predicador enfoca su mensaje desde el punto de vista de la congregación.
Para Abbey, la predicación cobra autoridad cuando el predicador tiene
una visión fresca de Dios y transmite esa visión con convicción.
Es decir, cuando entrega su sermón con la convicción de que Dios está
presente confrontando a esa congregación con la necesidad de perdón
y reconciliación.   Es un enfoque que parte de una experiencia y
convicción personal.

12.32.3   Para que pueda haber una genuina reconciliación entre
autoridad y comunicación, agrega Abbey, el predicador necesitará
hacer un doble análisis del texto bíblico.   La predicación eficaz
requiere que el predicador haga una exégesis seria del texto bíblico y
su contexto.   Además, exige un análisis serio de la situación concreta
en que vive y actúa la congregación.   El predicador deberá observar
cautelosamente en dónde encaja la verdad de su mensaje con la vida
de su tiempo y de su congregación.   De aquí la importancia del
estudio de la literatura contemporánea y del pensamiento de la
ciencia.   El predicador deberá estar al día respecto a los problemas
políticos, económicos y sociales de su mundo.   Deberá estar alerta en
cuanto a las peculiaridades del comportamiento humano en su
contacto diario con la gente.

12.33 *Encuentro dinámico entre Cristo y la cultura contemporánea.*[8]

12.33.1 La predicación no debe preocuparse solamente por el contenido bíblico, sino también por el efecto de su proclama; por traer a los hombres a un encuentro personal, cara a cara, con Dios. De acuerdo con Abbey, hay *dos polos* en la predicación entre los cuales corre ese encuentro dinámico entre Dios y el hombre: *la fuente,* o sea el mensaje bíblico, y *el resultado* de ese mensaje. Ese encuentro lleva al hombre a un estado de preocupación última o infinita. En ese estado participa de aquellas cosas de valor infinito con ansiosa preocupación: el significado de su existencia humana, el reconocimiento de la necesidad humana, los problemas agudos de su mundo.

12.33.2 Es aquí donde entra en juego la *cultura.* Porque ese encuentro entre Cristo y la persona se da en un contexto cultural. Para el predicador la cultura es el medio que el hombre tiene a su disposición para interpretar el mensaje bíblico. De aquí que responda a ese mensaje de acuerdo con su trasfondo cultural. Ello implica que un encuentro entre Cristo y la persona equivale a un encuentro entre Cristo y la cultura.

12.33.21 El encuentro entre Cristo y la persona que, como hemos dicho, la lleva a un estado de preocupación infinita, revela también las limitaciones existenciales de su cultura. A la vez ofrece una oportunidad para la transformación o el enriquecimiento de esa cultura.

12.33.22 El predicador, dice Abbey, tiene la responsabilidad de poner en circulación la dinámica inherente de ese encuentro. Es decir, al presentar las buenas nuevas, debe procurar crear un genuino encuentro entre Cristo, la persona y la cultura de ésta. Ello requiere, sin embargo, que el predicador sea sensible a las complejas relaciones entre Cristo y la cultura de la época. Por lo mismo, el predicador necesita vivir en un constante diálogo con la cultura de su mundo, de modo que pueda desarrollar una habilidad interpretativa de ésta en el contexto del mensaje cristiano y de éste en el contexto de su cultura. Todo lo cual hace hincapié sobre el hecho de que para poder predicar eficazmente el predicador debe teologizar culturalmente.

12.34 *Reto a los axiomas.*[9]

12.34.1 El encuentro entre el mensaje y la mentalidad de la congregación se realiza en forma más realista cuando la idea dinámica del mensaje *pone a la congregación en un estado de tensión respecto a sus valores y actitudes.* Para Abbey, el punto de contacto entre predicador y congregación se descubre generalmente en un punto de conflicto. Cita el ejemplo de Justino Mártir, quien en su época se acercó a los filósofos griegos como a maestros de verdades a medias que llevaban a sus discípulos no tanto al verdadero conocimiento como al error. Justino procuraba comunicarse con sus excolegas desde la perspectiva de las presuposiciones de éstos, usando los símbolos particulares de ellos y desafiando los axiomas familiares y presuposiciones filosóficos que defendían. De igual modo, dice Abbey, el predicador contemporáneo debe presentar el evangelio al hombre de hoy desde la propia perspectiva de éste, usando los símbolos peculiares de él y poniendo en tensión las actitudes y axiomas familiares de este hombre moderno.

12.34.2 Para lograr ese fin, nuestro autor sugiere varias *disciplinas específicas.*

12.34.21 En primer lugar, sugiere que el predicador limite el asunto de su mensaje a un aspecto del evangelio relacionado con alguna necesidad que pueda llenar, o con alguna idea contraria que facilite el diálogo. Puesto de otra manera, el predicador debe encontrarse con la congregación en la propia "cancha" de ésta, y confrontar los problemas y axiomas familiares de esa congregación con el evangelio.

12.34.22 En segundo lugar, sugiere que el predicador plantee un reto a los *axiomas* de la sabiduría del hombre común. Estos son los *principios valorativos de una cultura que muchas veces se expresan en forma de proverbios y adagios.* El pensamiento humano es muchas veces determinado por convicciones internas que no son analizadas conscientemente pero son expresadas en axiomas de sabiduría contemporánea proverbial.

En un estudio preparado para la Primera Asamblea del Concilio Mundial de Iglesias, celebrada en Amsterdam, Holanda, intitulado "Axiomas para el hombre moderno", se hace alusión al hecho de que lo antedicho se encuentra expresado en todas las culturas. De acuerdo con este estudio, dichos axiomas se oponen con frecuencia a los temas bíblicos. Los delegados a la referida asamblea intentaron cristalizar axiomas que en sus propios países se aceptaban como ideas y reglas corrientes. Estos representantes de diferentes países y trasfondos culturales descubrieron que en cada una de sus culturas había axiomas que contenían verdades a medias que ponían en duda las afirmaciones de la fe cristiana.

Agrega Abbey que cuando se expone un pasaje bíblico pertinente a la luz de uno de esos axiomas el resultado es una predicación poderosa. Porque hay un encuentro entre el evangelio y la necesidad o actitud antagónica reflejada en ese axioma cultural.

12.34.23 Para enfrentar los axiomas de la congregación, Abbey sugiere, en tercer lugar, que el predicador descubra personalmente las presuposiciones de sus contemporáneos. Esto es necesario porque los axiomas no son estáticos. El tiempo cambia, los pueblos adquieren nuevos axiomas y las áreas geográficas difieren entre sí.

12.34.3 ¿Cómo puede el predicador descubrir esos axiomas? Siguiendo el desarrollo de las actitudes de su época por medio de los medios masivos de comunicación. Estos medios tienden a desarrollar personalidades propias que reflejan el sentir, las actitudes y los axiomas familiares de su clientela. El público de un medio ha dado fuerza a éste a ajustarse a su propio nivel de receptividad. Por tanto, al estudiar los medios, el predicador deberá considerar no sólo lo que *dicen*, sino lo que *asumen*; no sólo lo que *informan*, sino lo que consideran *digno de información;* no sólo los *hechos* que declaran, sino sus *implicaciones*.

Para el predicador latinoamericano, uno de los ejercicios más interesantes y provechosos sería hacer una lista de axiomas familiares tomados de los medios públicos de comunicación: revistas, periódicos, la radio y la televisión. Una lista de esta índole acompañada por otra lista comparativa de verdades bíblicas opuestas o de necesidades que el evangelio puede llenar, le daría al predicador un manantial extraordinario de recursos.

12.34.4 Finalmente, Abbey sugiere que el predicador descubra principios que le ayuden a tratar con puntos controversiales. Partiendo del hecho que el punto de contacto involucra muchas veces conflicto y disensión, invoca la ayuda del difunto Ernesto Fremont Tittle, ex-profesor de homilética del Seminario Garrett, para dar algunas pautas útiles en el encuentro inevitable de todo predicador con la controversia. Tittle sugería a sus estudiantes siete principios que tuvo como norma durante su largo ministerio.

1. "Hable siempre desde un punto de vista religioso. Seleccione un texto". La pertinencia de este principio está en el hecho de que la congregación recibirá el mensaje con más gana cuando se desprende de la enseñanza directa de la Biblia. Además, cuando la gente escucha a un predicador no lo hace tanto por lo brillante que sea ni por sus conocimientos políticos, económicos o sociológicos como por su habilidad para interpretar el mensaje de Cristo.

2. "Ubíquese siempre en el lugar de la oposición". Si el predicador contempla el asunto de controversia desde el punto de vista del oyente, el lazo de entendimiento entre predicador y oyente se mantendrá firme aun cuando este último no quede convencido. Ello será benéfico no sólo en cuanto al futuro de largo alcance (porque deja las puertas abiertas para un impacto convincente en el futuro), sino también en cuanto al impacto indirecto inmediato que podría tener el predicador sobre el oyente como resultado de su actitud empatizante e intelectualmente aguda.

3. "Sea afirmativo; elogie mucho más de lo que reprocha". El predicador puede ser un canal de convicción mucho más eficaz si enfoca su controversia desde un punto de vista positivo. En otras palabras, el regaño no es el método más eficaz. La Biblia enseña que el método de Dios es siempre dialogal y positivo (cp. Is. 1:18). ¿Por qué, pues, no puede ser también el del predicador?

4. "Diga la verdad con amor".

5. "No dé opiniones si no puede documentarlas. No dé opiniones en áreas en que no tiene conocimientos técnicos".

6. "Preste atención al tiempo". Esto tiene que ver no sólo con la duración del sermón, sino con la época del año. Por ejemplo, sería impropio hablar sobre la independencia política (concepto de libertad), aun desde el punto de vista evangelístico, el domingo de navidad.

7. "Familiarícese con los pronunciamientos eclesiásticos controversiales contemporáneos". Ello le dará un carácter colectivo al mensaje y ayudará a crear un ambiente de atención y autoridad, especialmente cuando se trata de un pronunciamiento de la Iglesia Católica Romana en una región como Latinoamérica.

12.35   Otro factor importante implícito en la teoría de Abbey, que no se menciona directamente, es *la representación que se forja el predicador de su congregación.*   "La imagen que se forja el comunicador del receptor ingresa...en su mensaje y codetermina la materia y la forma del producto".[10]   Es decir, la actitud o actitudes que haya asumido el predicador en torno a su congregación serán determinantes en el producto final de su predicación.   Si la imagen que tiene de dicha congregación es la de un grupo de ignorantes, su mensaje probablemente tendrá una orientación paternalista y pedante, y su congregación responderá de acuerdo con esa configuración. Si, por otra parte, tiene una actitud respetuosa, simpática y de identificación con la congregación, lo más probable es que ésta reciproque esa cortesía.

12.4   La congregación, el predicador y los canales de comunicación.

12.40 Nuestra preocupación por la congregación debe ir más allá de los grupos de referencia que afectan sus decisiones y de su contexto socio-intelectual, o sea, de los marcos de referencia que influyen sobre su comportamiento.   Debe también abocarse a los canales de comunicación que ésta suele escoger.

12.41   Al hablar de "canales de comunicación" no me refiero a los elementos biológicos, físicos o químicos que hacen posible una comunicación dada (por ejemplo, las ondas sonoras que hacen posible el habla, o las ondas ópticas que hacen posible la configuración de imágenes).   Tampoco me refiero al concepto tecnológico del canal comunicativo, lo que hasta aquí hemos designado como el medio, esto es, un instrumento técnico mediante el cual se difunde un mensaje (por ejemplo, un altoparlante, la radio, la televisión, etc.). Uso el término más bien, siguiendo a David K. Berlo, en un sentido sicológico—"como los sentidos a través de los cuales un decodificador-receptor puede percibir un mensaje que ha sido codificado y transmitido por una fuente encodificadora".[11] Berlo asocia el concepto de canal con las habilidades sensoriales del hombre. Estas le capacitan para concebir, codificar, enviar, recibir y descifrar mensajes.   Los cinco sentidos del hombre (oír, ver, tocar, oler y gustar) son, pues, usados tanto para estructurar y enviar un mensaje como para recibirlo e interpretarlo.[12]

12.42   Según Berlo, la comunicación eficaz depende en parte, de la clase de canal que seleccionamos para el envío de nuestros mensajes. Ello se debe al hecho de que algunos canales pueden ejercer ciertas funciones más eficazmente que otros. Por ejemplo, el uso de dos canales produce normalmente más resultados que el empleo de uno solo. El receptor podrá descifrar con más exactitud el mensaje si lo puede oir y ver que si sólo lo oye o lo ve. Por otra parte, puede que un canal dado no funcione en el receptor. Esto pasa cuando el receptor tiene algún defecto físico, como por ejemplo, cuando se trata de un ciego, un sordo, etc. Asimismo, ciertos comunicadores pueden expresarse mejor por ciertos canales específicos que por otros. Pueden expresarse mejor por el habla que por la escritura, o pueden comunicarse mejor demostrando un objeto que hablando o escribiendo acerca de él.

Siguiendo el pensamiento de Berlo, [13] hay ciertas preguntas clave que deberán guiar al comunicador (en nuestro caso el predicador) en la selección de aquellos canales que usará en su comunicación (o predicación). Dichas interrogantes serán hechas desde el punto de vista de los cuatro componentes del acto comunicativo.

1. Desde el punto de vista del *mensaje*.

¿Qué clase de material sermonario debería transmitirse oralmente? Esto es, en forma discursiva.

¿Qué clase de material sermonario debería transmitirse visiblemente, por medio de la lectura por la congregación de un artículo, libro o pasaje bíblico?

¿Qué clase de material sermonario debería transmitirse visiblemente, pero en forma no verbal, por medio de cuadros, etc.?

¿Qué clase de material sermonario debería transmitirse corporalmente, por el tacto, o sea, por la participación corporal y existencial de la congregación, o por el examen o la manipulación de la misma de ciertos objetos pertinentes?

2. Desde el punto de vista de la *congregación*.

¿Podrá la congregación captar y descifrar el mensaje más eficazmente por el oído, la vista o el tacto?

¿Podrá responder más auténticamente si se crea un ambiente imaginario donde se seleccionan simultáneamente varios sentidos? Es decir, donde la congregación puede ver, tocar y gustar algo imaginariamente.

3. Desde el punto de vista del *predicador*.

¿Se expresa mejor cuando habla, escribe o demuestra algo?

4. Desde el punto de vista de la *ocasión*.

¿Cuáles canales serían más propicios para esta ocasión?

12.5 En resumen

12.51 En este capítulo he intentado encausar nuestra discusión, sobre el problema de la congregación para la predicación, por el camino de la búsqueda de un medio útil para un encuentro de significados entre predicador y congregación. Con ese fin, invocamos la ayuda de tres autoridades en el campo de la comunicación. La primera nos dio algunas sugerencias útiles en cuanto al uso eficaz de los grupos de referencia para una comunicación más exacta. La segunda fue más detallada y pertinente a la situación precaria por la que pasa la predicación en relación con la congregación. Pudimos captar algunas ideas que ayudan al predicador a penetrar en la compleja mentalidad de su congregación, para tener ese encuentro de significados tan necesario para la comunicación. La tercera nos planteó la importancia de seleccionar aquellos canales de comunicación que se ajustan más a la realidad del material a comunicarse, las habilidades comunicativas del predicador, y las habilidades receptivas de la congregación. La idoneidad de ciertos canales para ciertas ocasiones.

12.52 Hay que reconocer, sin embargo, que si bien es cierto que un encuentro de significados entre predicador y congregación no sólo es necesario sino posible, lo que se ha hecho en este capítulo es apenas un intento. Porque la verdad del caso es que estamos tratando con una situación tan compleja que exige mucha más investigación de la que hasta ahora se ha podido hacer en el campo de la comunicación con respecto a la complejidad del auditorio. Todo lo dicho, no obstante, puede ayudar a aumentar las posibilidades comunicativas entre predicador y congregación porque es práctico y porque ha sido probado en numerosas ocasiones. [14]

12.6 Ejercicios mentales y homiléticos

12.61   ¿Por qué es necesario un encuentro de significados entre predicador y congregación? (cp. 12.1).

12.62   ¿De cuál premisa parte Bettinghouse al sugerir cuatro pasos que el comunicador persuasivo debe dar para hacer uso eficaz de los grupos de referencia de su auditorio? Explique cada paso (cp. 12.2). Piense en algunos casos concretos (además de los ya mencionados) donde se pueden aplicar estos pasos. Describa brevemente cada caso.

12.63   ¿Cómo se acerca Abbey al problema de la congregación? (cp. 12.30).

12.64   ¿Cómo sugiere Abbey que se puede lograr un encuentro mental entre congregación y predicador?   (cp. 12.31).

12.65   ¿Cómo reconcilia Abbey la autoridad con la predicación? (cp. 12.32).

12.66   ¿Qué quiere decir Abbey por encuentro dinámico entre Cristo y la cultura contemporánea?   (cp. 12.33).

12.67   Haga una lista de 10 axiomas de la cultura latinoamericana (cp. 12.34ss.). Explique su significado teológico. ¿A qué verdades bíblicas se oponen? ¿Qué necesidades que el evangelio puede llenar reflejan estos axiomas y cómo las puede llenar el evangelio? Haga referencia a la Escritura en la respuesta a esta última pregunta.

12.68   ¿Qué representación mental debe forjarse el predicador de su congregación?   (cp. 12.35).

12.69   ¿Qué entiende Berlo por canal de comunicación? (cp. 12.41).

12.70   De acuerdo con Berlo, ¿de qué depende (en parte) la comunicación eficaz? ¿Por qué? (cp. 12.42).

12.70.1 ¿Qué cree Ud. que pasaría si aplicara a su predicación los criterios implícitos en las preguntas enunciadas en la sección 12.42, segundo párrafo?

Notas

[1] Howe. *El milagro del diálogo* (San José: Centro de Publicaciones Cristianas, s. f.), p. 61.

[2] *Ibid.*, p. 41.

[3] Cp. Bettinghouse, *op. cit.*, pp. 46-48.

[4] Merrill Abbey, *Preaching to the Contemporary Mind* (Nashville: Abingdon, 1963).

[5] Cp. *Ibid.*, pp. 13-29.

[6] *Ibid.*, p. 20.

[7] Cp. *Ibid.*, pp. 30-45.

[8] Cp. *Ibid.*, pp. 47-64.

[9] Cp. *Ibid.*, pp. 66-80.

[10] Maletzke, *op. cit.*, p. 124.

[11] Cp. David K. Berlo, *El proceso de la comunicación* (Bs. Aires: "El Ateneo" Editorial, 1968), p. 52.

[12] Cp. *Ibid.*, pp. 49-54.

[13] Cp. *Ibid.*, p. 53.

[14] Por ejemplo, Kennel en su tesis doctoral "Communication constructs in American Protestant Preaching, 1940-1965", hace un estudio empírico-teórico de la teoría de Abbey. En este estudio Kennel no sólo hace un análisis exhaustivo de la teoría de Abbey, sino que la pone a prueba al invitar al mismo Abbey a predicar en un culto y al evaluar el sermón a través de un cuestionario sometido a 34 miembros de la congregación. Considera las preguntas que éstos hacen en una sesión de discusión al terminar el culto, la manera como un miembro espontáneamente proveyó a la biblioteca de la iglesia de una copia de un libro al cual Abbey hizo referencia en su mensaje y cómo no menos de nueve familias consecutivas lo tomaron prestado durante los siguientes tres meses. Cp. Kennel, *op. cit.*, pp. 196-234.

QUINTA PARTE

La predicación y la ocasión

CAPITULO 13

LA DINAMICA DE LA OCASION

13.1 La predicación como una interacción dinámica entre predicador, sermón y congregación.

13.11 Hemos visto cómo la predicación involucra una interacción dinámica entre el predicador y su mensaje y la congregación y sus respuestas. En el capítulo 2 trazamos brevemente esa interacción. Vimos cómo el sermón, en su carácter verbal, pasa por el proceso normal de codificación propio de todo mensaje comunicativo. Notamos, además, el trauma, por así decirlo, que experimenta todo predicador en el proceso de invención y organización y más tarde en la entrega del sermón, y cómo la interacción entre predicador y mensaje se intensifica por la congregación y sus respuestas. De aquí que en el capítulo 9 hiciéramos hincapié sobre lo importante que es para un predicador estar alerta a los efectos reflejos ("retroalimentación") de la congregación.

13.12 Esa interacción dinámica entre predicador, sermón y congregación involucra también los *factores de poder* que surgen en el acto mismo de comunicación. Es decir, en cada predicación hay una interacción dinámica entre factores de poder que le dan fuerza especial al sermón y a las respuestas del predicador y la congregación. Factores como posición socio-económica del predicador y de los miembros de la congregación, prestigio académico o cualidades de liderazgo afectan el efecto de un mensaje, y, por consiguiente, el papel que desempeñan el predicador y la congregación y las respuestas de ambos frente a esa situación.

13.12.1 Por ejemplo, un sermón dado por un destacado y famoso predicador ante una gran concurrencia produce mayor efecto por su prestigio que un sermón predicado por un desconocido. El prestigio del primero afecta sin lugar a dudas las reacciones de la congregación.

13.12.2 Tomemos otro ejemplo. La presencia de personas de cierto prestigio social, económico, político, académico o religioso puede afectar al predicador y ejercer una tremenda influencia sobre el resultado final del sermón.

13.13 La interacción dinámica de la cual hablo alcanza también las relaciones entre predicador-congregación. En el transcurso de la predicación se desarrolla una serie de relaciones entre el predicador y la congregación que afectan de una u otra manera el resultado del mensaje. Estas relaciones siguen con frecuencia un patrón determinado. Pueden seguir un patrón de certidumbre-incertidumbre, acuerdo-desacuerdo, gusto-disgusto, etc. El predicador capaz estará alerta a los reflejos de su congregación para descubrir esos patrones, de modo que pueda modificar su mensaje de acuerdo con las relaciones que se van desarrollando.

13.14 Lo dicho da por sentada la importancia de estudiar a la congregación en la dinámica de la ocasión comunicativa. El predicador debe tener su antena bien en alto durante el culto y durante la predicación. Debe estar seguro de sí mismo ante la dinámica del momento y sintonizado a la retroalimentación de su congregación. Cada movimiento, gesto o palabra tendrá un significado especial. De aquí la importancia de una sensitivización aguda para con el comportamiento social y personal de la gente.

13.2 La predicación como una interacción dinámica entre predicador-sermón-congregación y ambiente.

13.21 La predicación, además de involucrar al predicador, su mensaje y su congregación, se da en un contexto que forma parte de ese intercambio dinámico que consideramos arriba. Uno de los aspectos más importantes de ese contexto es *el culto*. Como notamos en el primer capítulo, la predicación desempeña un triple papel en el culto cristiano: (1) lo unifica; (2) hace contemporánea la victoria que celebra; (3) provee el tema. Lo que no vimos es cómo afecta el culto a la predicación.

13.21.1 Desde el punto de vista teológico, el culto afecta a la predicación en el sentido de que la transforma de un encuentro humano entre predicador y congregación a un encuentro divino entre Dios, predicador y congregación. El culto le da forma dialogal a la predicación; la hace parte del diálogo de la adoración. Ello tiene una doble inferencia. En primer lugar, indica que la adoración no es un acontecimiento cualquiera, una mera reunión humana, sino un acontecimiento que se da como resultado de la obra de Dios en Cristo. Es, por tanto, un diálogo entre Dios y el hombre, pero un diálogo no sólo verbal sino de relación, de estímulo y respuesta, dádiva y recibimiento, confesión y perdón, llamamiento y comisión. En la adoración, la predicación contribuye a ese diálogo junto con los otros elementos del culto: las oraciones, los himnos, la lectura de la Palabra, los sacramentos, y la ofrenda. Y he aquí la segunda inferencia de la forma dialógica que el culto le da a la predicación: el hecho de quitarle toda noción de superioridad y hacerla acoplarse a la dinámica del culto y desempeñar su papel *en conjunto* con los otros elementos cultuales. De esto se desprende que el sermón no puede darse el lujo de no estar relacionado con la música, la lectura de la Palabra, las oraciones, etc. El predicador debe tener presente la totalidad del culto al organizarlo y presentarlo de tal forma que resulte un todo armonioso con el sermón, lo que lo antecede y lo que lo sucede.

13.21.2 Desde el punto de vista sicosocial la predicación es también afectada por el culto. Como todo acontecimiento temporal, el culto se da en un ambiente no cerrado. Es un proceso y como tal se caracteriza por "una interacción continua de un número infinito de variables con cambios concomitantes con los valores que toman dichas variables".[1] Se entiende por variable "cualquier fenómeno que pueda asumir más de un valor".[2] Ello implica que casi todos los fenómenos pueden ser considerados como variables, ya que la situación de interés puede ser construida en tal forma que le permita al fenómeno tener más de un valor singular. En un culto, por tanto, puede darse una cantidad infinita de variables. Cada una de estas variables adquiere diferentes valores, es decir: hay variables que hacen más efecto que otras, y sus valores están en un continuo proceso de cambio, porque están siendo afectados constantemente por factores asociados con el acto comunicativo, tales como el uso de ciertas palabras, algunos movimientos corporales, etc.

13.21.3 Esta situación tan dinámica impide que el culto sea un sistema cerrado. *Un sistema cerrado es aquel cuyas fronteras son conocidas y en el cual se puede prevenir la intrusión de variables relevantes.* Pero el culto, por su naturaleza, *no puede* ser un sistema cerrado. Además, el hecho de que involucre a seres síquicos impide un aislamiento absoluto de todas las variables. Porque no hay manera de meterse en cada miembro de una congregación y aislar cada variable en potencia dentro de él.

13.21.4 El culto es, pues, un proceso dinámico en el que se da una cantidad infinita de variables. Esas variables afectan el proceso de la predicación. Afectan el contenido en tal forma que fuerzan al predicador a decir cosas que no había planeado, o a omitir material que había planeado usar. Afectan el estilo retórico del predicador, haciéndolo hablar más rápida o lentamente, usar un tono de voz alto o bajo. Afectan, sobre todo, la participación de la congregación, aumentando o disminuyendo su confianza en el predicador, su comprensión o incomprensión del mensaje y determinando sus efectos reflejos. En fin, el culto forma, estructura y canaliza la interrelación entre predicador, congregación y sermón.

13.22 Otro factor integrante del contexto en que se da la predicación es la *época o temporada* (eclesiástica o civil). La época del año, como sugiero en el capítulo VII al hablar de sermones clasificados por la ocasión, afecta al sermón. Por un lado, lo afecta en cuanto a la selección del tema. Por ejemplo, sería un poco obsoleto que un predicador escogiera predicar sobre la Reforma el domingo de Pascua. Por otra parte, la época puede afectar la manera como una congregación dada reciba el mensaje. Por ejemplo, si es Domingo de Resurrección, el tema de la resurrección probable-mente afectará positivamente la recepción del mensaje, ya que la mentalidad de la congregación está enfocada en la resurrección de Cristo.

13.3 La predicación como una interacción dinámica entre predicador, sermón, congregación, ambiente y Dios.

13.31 He dicho que el culto transforma a la predicación en un

encuentro dinámico entre predicador, congregación y Dios.
Otra manera de expresar este hecho es por medio del diagrama en
esta página. El mismo ilustra el hecho de que la predicación se da en
medio de la actividad de Dios. Esa actividad gira en torno a una
situación dada en la cual sucede ese intercambio dinámico que he
mencionado entre predicador, congregación y sermón. Ahora bien,
el hecho de que ese intercambio que se da en esa situación sea
saturado por la presencia de Dios revela que así como la ocasión
unifica el intercambio entre predicador, congregación y sermón,
así también Dios actúa como factor unificante de la ocasión
comunicativa. Veamos esto más de cerca.

13.31.1 En la predicación, el predicador no actúa como un
empresario que presenta a una estrella, sino como instrumento y
siervo de Dios; uno por medio de quien Dios *está* actuando. Y si Dios
está actuando en él, quiere decir que es soberano sobre él, sobre sus
palabras, sus desbarajustes, en fin, sobre todo lo que dice y hace.
De modo que Dios toma a ese predicador tal como es y lo transforma
en instrumento de su Palabra.

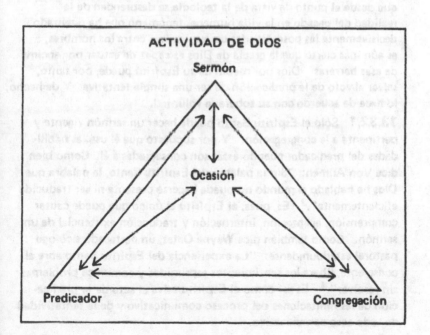

ACTIVIDAD DE DIOS

Sermón

Ocasión

Predicador   Congregación

13.31.2 De igual manera, el sermón no es un mero discurso religioso, un mensaje comunicativo cualquiera, ni una mera codificación de concepciones temporales y humanas. Antes bien, es un mensaje divino y eterno en el cual el Espíritu de Dios anuncia el evento de Cristo por medio del predicador, quien habla como miembro y representante de la iglesia. Dios hace trascender el sermón a todas las limitaciones lingüísticas, estructurales y socio-culturales de tal manera que éste pueda cumplir su cometido y encarnarse en la vida de los que lo escuchan.

13.31.3 Por otra parte, la congregación no es un mero auditorio, sino una asamblea de hombres y mujeres a quienes Dios por su gracia ha convocado para oír el mensaje de su amor. Sus limitaciones son sobrepasadas por la soberana actividad del Espíritu de Dios quien afecta sus reacciones convirtiéndolas, de acuerdo con su voluntad, en respuestas favorables al mensaje predicado.

13.32 Lo dicho hace claro el hecho de que si bien es cierto que la predicación como situación temporal se encuentra agobiada por múltiples barreras de tipo sicológico, social, cultural, lingüístico, etc., que desde el punto de vista de la teología se desprenden de la realidad del pecado en la vida humana, fenómeno que ha quebrado decisivamente las posibilidades comunicativas entre los hombres, es aún más cierto que la gracia de Dios es capaz de actuar por encima de esas barreras. Dios por medio de su Espíritu puede, por tanto, salvar el acto de la predicación de ser una simple tentativa. Y de hecho, lo hace de acuerdo con su soberana voluntad.

13.32.1 Sólo el Espíritu Santo puede hacer un sermón vigente y pertinente a la congregación. Y por supuesto que él usa las habilidades del predicador cuando éstas son consagradas a él. Como bien dice Von Allmen: "Sin la palabra del Espíritu Santo, la palabra que Dios ha hablado al mundo no puede hacerse presente ni ser traducida eficientemente".[3] Es, pues, el Espíritu el único que puede causar comprensión, aceptación, internación y traducción existencial de un sermón. Como también dice Wayne Oates, un destacado sicólogo pastoral estadounidense: "La experiencia del Espíritu Santo abre el consciente, libera los sentimientos reprimidos y comunica problemas sin resolver".[4] Es así como el Espíritu salva el acto de la predicación de las limitaciones del proceso comunicativo y de la tentatividad de todo acto comunicativo.

13.32.2 La dinámica de la ocasión o la situación en que se efectúa el acto de la predicación revela cuán compleja y dificultosa es ésta, cuántas limitaciones tiene y cuán tentativos son sus resultados, aunque todo esto sea vencido por la presencia testificante del Espíritu. Surge, sin embargo, una pregunta importante: Si el Espíritu es soberano y si vence las dificultades del acto comunicativo, ¿para qué entonces preocuparse tanto por buscar y usar herramientas comunicativas? Si el Espíritu ha de actuar, ¿por qué afanarnos por comunicar bien? Esta será la temática del último capítulo.

13.4 Ejercicios mentales y homiléticos

13.41 ¿Qué clase de interacción hay entre el predicador, congregación y sermón en el momento de la entrega? (cp. 13.11-13.13).

13.42 ¿Qué implicaciones tiene esa interacción para el predicador? (cp. 13.14).

13.43 ¿Cómo afecta el culto a la predicación? (cp. 13.21ss).

13.44 ¿Cómo afecta la temporada o época a la predicación? (cp. 13.22).

13.45 Siguiendo el diagrama expuesto en la página 227 explique cómo Dios afecta el proceso comunicativo de la predicación (cp. 13.31ss).

13.46 ¿Cuál es la "salvación" de la predicación? ¿Cómo se realiza esa "salvación"? (cp. 13.32ss).

Notas

[1] Gerald Miller, *Speech Communication: A Behavioral Approach* (New York: The Bobbs-Merrill Co., 1966), p. 33.

[2] *Ibid.*

[3] Jean-Jacques Von Allmen, *Preaching and the Congregation* (Richmond: John Knox Press, 1965), p. 31.

[4] Wayne Oates, *The Holy Spirit in Five Worlds* (New York: Association Press, 1968), p. 55.

EPILOGO

CAPITULO 14

HACIA UNA PREDICACION EFICAZ

14.1 Recapitulación de las principales tesis del libro

14.11 Comenzamos este estudio considerando la naturaleza de la predicación. Vimos cómo la predicación tiene una doble naturaleza. Por un lado, tiene un sentido teológico, no sólo por su contenido, sino por el hecho de que se lleva a cabo por iniciativa y dirección divina. A la vez, notamos que la predicación, entre tanto que se da entre humanos, en el espacio y el tiempo, es un proceso comunicativo humano como cualquier otro.

14.12 Luego, consideramos los diferentes elementos que forman parte de ese fenómeno comunicativo. Hablamos del lugar del sermón, su estructura y las diferentes posibilidades estructurales que hay disponibles, así como de las diferentes clases de sermones que tiene el predicador a su disposición.

14.13 En tercer término, estudiamos la predicación en relación con el predicador. Vimos cuán importante es para la predicación la personalidad del predicador. Además, consideramos al predicador en su función comunicativa.

14.14 En el capítulo 11 analizamos el papel de la congregación en la predicación, y en el 12 nos planteamos el problema de cómo crear un encuentro de significados entre predicador y congregación. Vimos, pues, el problema que le presenta la congregación al predicador y su mensaje. Asimismo, se hizo un intento de ayudar a resolver ese dilema, por lo menos en parte, planteando varias sugerencias concretas.

14.15   En el capítulo anterior, consideramos el papel dinámico y unificador que desempeña la ocasión en la predicación. Terminamos dicho capítulo con una interrogante que, como indiqué, forma la base de la temática del capítulo actual. El problema que dicha interrogante señala es el dilema entre la predicación, como proceso comunicativo y como acto testificante del Espíritu. ¿Es, pues, una pérdida de tiempo preocuparse tanto por la comunicación eficaz cuando sabemos que el Espíritu es soberano y vence los obstáculos y las barreras que resultan de nuestra situación precaria?

14.2   El reto: una reconciliación de la predicación como obra del Espíritu y como proceso comunicativo

14.21   No creo que la respuesta a la antedicha pregunta descanse en una alternativa de esto o aquello, sino en una reconciliación de ambos.

14.21.1   El hecho de que la predicación involucra la comunicación de la verdad de un ser humano a otros. El hecho de que, en la comunicación de esta verdad, el predicador necesita pasar por la misma experiencia por la que pasa cualquier ser humano que desea transmitir a otro un concepto, sentimiento o actitud. A la vez, el hecho de que en la predicación se usen los mismos símbolos lingüísticos que se usan en cualquier situación comunicativa, hace no sólo necesario sino imprescindible que el predicador use todas las herramientas necesarias para una comunicación corriente eficaz.

14.21.2   Por otra parte, la predicación es dinamizada por la presencia del Espíritu Santo. Siendo, pues, un acto testificante del Espíritu, el predicador necesitará tener presente que no es por ejército, ni con espada, mas por el Santo Espíritu de Dios. Deberá, por tanto, entregar sus esfuerzos al Espíritu de Dios y confiar en su poder para finalizar y efectuar la comunicación de la Palabra. Esa entrega deberá hacerse antes, durante y después del acto de la predicación. *Antes,* en el sentido de que todo predicador eficaz arranca de un contacto con Dios; de lo contrario no puede pretender ser su heraldo. *Durante* la predicación, en el sentido de que toda su

entrega debe ser saturada por una súplica interna e intensa.
El predicador debe orar durante la entrega de su sermón que el Espíritu interne el mensaje en el corazón de los oyentes. Y *después*, en el sentido de que deberá entregar su esfuerzo al cuidado del Espíritu para que él continúe actuando.

14.22 Esta reconciliación entre el sentido teológico de la predicación y el proceso comunicativo se encuentra ilustrada en el diagrama que sigue. El mismo representa una síntesis del contenido de este libro y de la tesis en cuestión. La predicación del evangelio puede ser y será eficaz si el predicador vive en contacto con Dios, con la iglesia y con su mundo; si se satura de la Escritura, elabora un mensaje bíblico con una buena estructura lógica y lo entrega en forma persuasiva, saturado del poder del Espíritu Santo.

DIAGRAMA DEL PROCESO DE LA PREDICACION
EFICAZ[1]

Invención retórica: El descubrimiento y análisis de ideas y pensamientos para ser desarrollados, fraseados y presentados en forma lógica y persuasiva.

1. Un hombre en contacto con Dios

BUSCANDO

Confrontado con el evangelio.
(Ro. 10:9-17)
Enviado por Cristo a predicar.
(2 Co. 5:20; Mr. 16:15)
Necesita vivir en íntima comunión con Dios.
(Jn. 16: 16, 4, 5; Sal. 24: 3-6; Pr. 4:20-27)

La Dirección del Espíritu Santo
Constriñendo el corazón.
Refrescando la memoria.
Guiando a toda verdad.
Sensitivizando ante las necesidades del mundo.
Preparando el terreno.

2. Un hombre en contacto con la iglesia y el mundo

SIRVIENDO

Estudiando la naturaleza humana en su contacto con personas con problemas.

Conociendo su mundo por medio del periódico, la literatura y con su participación activa en las actividades de su comunidad.

Teniendo en mente la cultura de su ambiente, escuchando música de ocasión y teniendo "raport" con los grupos de la avanzada; la juventud, artistas, etc.

Visitando a su feligresía.

Intercediendo por su congregación.

Comulgando con sus miembros.

Ministrando a las necesidades de su iglesia.

3. Un hombre en contacto con la Escritura

SELECCIONANDO

Lectura sistemática de la Bilbia.

Estudio serio y sistemático de la Palabra.

Sensitividad homilética.
   66 libros en la Biblia
   1,189 capítulos
   31,173 versículos
   2,930 personajes

Considerad la voluntad de Dios. Se hace manifiesta por su Palabra, sus obras providenciales, el testimonio de su Espíritu.

Considerad la profundidad del desarrollo del predicador.
   Educativa - Cultural
   Social - Espiritual

Considerad las necesidades del auditorio.
   Necesidades básicas del hombre:
   (1) Autoconservación
   (2) Seguridad
   (3) Amar y ser amado
   (4) Reconocimiento
   (5) Producción
   Necesidades específicas de la congregación.

4. Un estudio analítico de un pasaje, frase o verdad bíblica

ANALIZANDO

Contexto
1. Orador o autor
2. Recipientes u oyentes
3. Epoca
4. Lugar
5. Ocasión
6. Objetivo
7. Asunto

Contenido
1. Leer el pasaje varias veces para descubrir el asunto o el tema central.
2. Dividirlo en párrafos.
3. Hacer bosquejo analítico.
4. Analizar el asunto del pasaje.

Arreglo retórico: La organización del material en progresión lógica.

5. Un arreglo lógico del material seleccionado y analizado

ORGANIZANDO

Dos clases de propósitos
1. Propósito comunicativo: dos aspectos.
   (1) El recipiente.
   (2) La clase de efecto que se puede esperar.
2. Propósitos generales de la predicación.
   (1) Kerygmático
   (2) Didáctico
   (3) Pastoral

Seis procesos retóricos
1. Narración
2. Interpretación
3. Ilustración
4. Exposición
5. Argumentación
6. Exhortación

Trece pasos estructurales
1. Determinación del asunto.
2. Determinación de un tema.
3. Estructuración de una proposición.
4. Composición de una interrogante sermonaria.
5. Selección de una palabra clave.
6. Construcción de una oración transicional.
7. Elaboración de las divisiones principales.
8. Desarrollo de las divisiones.
9. Formulación de una buena conclusión.
10. Preparación de una introducción.
11. Selección de un título llamativo.
12. Incorporación de material ilustrativo.
13. Preparación de un bosquejo final.

Comunicación: Un proceso mental, emocional y social a través del cual se transmiten actitudes, conceptos y sentimientos con el fin de cambiar el comportamiento individual.

6. Una presentación persuasiva del sermón

PRESENTANDO

Predicador

1. *Preparado* física, emocional, espiritual y homiléticamente.
2. *Apariencia* atractiva, ademanes naturales, expresiones faciales que respalden el mensaje, voz natural, con variaciones de tono y/o fuerza, con postura derecha y natural.
3. *Libertad retórica:* espontaneidad, saturación, buen contacto visual.
4. *Buen estilo retórico:* vocabulario que se adapta al auditorio, dicción y fraseología clara, viveza, naturalidad, imaginación, economía, prudencia.

Congregación

1. Actitud respetuosa, simpática y de identificación con la congregación.
2. Mensaje enfocado en las necesidades de la congregación.
3. Mensaje que toma en serio el contexto social, cultural e intelectual de la congregación.
4. Mensaje que crea experiencia dialogal.
5. Mensaje que relaciona grupos de referencia de la congregación.
6. Predicador que selecciona canales pertinentes.

Ocasión

1. Estudiar la congregación.
2. Estar seguro de sí mismo ante la dinámica del acto comunicativo.
3. Estar alerta a la retroalimentación y a la interacción de factores de poder.
4. Integrar el mensaje al culto.
5. Hacer que el mensaje responda a la temporada.
6. Actuar como un siervo, un heraldo y un embajador de Dios.
7. Predicar con el poder del Espíritu Santo.

14.3 Ejercicios mentales y homiléticos

14.31 Resuma con pocas palabras lo que ha aprendido por medio de este libro. Sea franco y sincero (cp. 14.1ss.).

14.32 ¿Por qué es tan importante una reconciliación entre la predicación como obra del Espíritu Santo y como proceso comunicativo? (cp. 14.15; 14.21ss.).

14.33 ¿Cómo se puede lograr esa reconciliación? (cp. 14.22).

14.34 Siguiendo el diagrama que se expone en las páginas 235 - 238, haga una evaluación detallada de su propia predicación.

Notas

[1] Adaptado en parte de Lloyd Perry, "Biblical Preaching" (Deerfield, Illinois: Trinity Evangelical Divinity School)

APENDICES

APENDICE A
Ejemplo de un programa de predicación

CULTO MATUTINO

Título / base bíblica		Himnos	Lecciones
Serie: EL ABC DE LA VIDA CRISTIANA (1 Jn.)			
1. El comienzo de la vida cristiana 1 Jn. 1:6-10	1.1	Jubilosos te adoramos	AT Is. 60:1-3,6b
	1.2	Fuente de la vida eterna	NT Mt. 2:1-12
	1.3	Tal como soy	
2. Midiendo la vida cristiana 1 Jn. 2:3-11	2.1	Al rey adorad	AT Is. 49:8-13
	2.2	Por lo hermoso en derredor	NT Mt. 5:14-20
	2.3	Yo quiero ser cual mi Jesús	
3. Las glorias de la vida cristiana 1 Jn. 3:1-3	3.1	Nunca Dios mío	AT Is. 1:19c-28
	3.2	El mundo es de mi Dios	NT Lc. 2:39-52
	3.3	Jesús es mi rey soberano	
4. La dinámica de la vida cristiana 1 Jn. 4:7-21	4.1	Loor a Dios	AT Jon. 3:1-5
	4.2	El rey de amor es mi pastor	NT Jn. 12:20-36a
	4.3	Hazme una fuente de bendiciones	

CULTO VESPERTINO

Títulos y base bíblica
Serie: GIGANTES DEL PASADO
1. *Enoc:* El hombre que caminó con Dios Gn. 5:21-24
2. *Noé:* El profeta solitario Gn. 6:5-8, 12-18; Heb. 11:7
3. *Abraham:* Un peregrino espiritual Gn. 12:1-4 Heb. 11:8-10
4. *Jacob:* Un hombre con una conciencia culpable Gn. 32:22-30

APENDICE B

Bibliografía Selecta *

REFERENCIAS GENERALES

TOOHEY, William.
1967   *Recent Homiletical Thought.*
        Nashville: Abingdon.

TURNBULL, Ralph G. (ed.)
1967   *Baker's Dictionary of Practical Theology*
        Grand Rapids: Baker.

NATURALEZA DE LA PREDICACION

BARTH, Karl.
1969   *La proclamación del evangelio.*
        Salamanca: Sígueme.

BROADUS, Juan
1925   *Tratado sobre la predicación.* El Paso:
        Casa Bautista de Publicaciones

---

*   Se han seleccionado obras pertinentes en castellano, inglés y portugués
de las diferentes áreas de estudio que se han abarcado en el presente trabajo.

BROOKS, Philips.
1959   *Eight Lectures on Preaching.*   London: S.P.C.K.

BROWN, Charles Reynolds.
1922   *The Art of Preaching.* New York: Macmillan.

CLELAND, James T.
1965   *Preaching to be Understood.* Nashville: Abingdon.

CLOWNEY, Edmund.
1965   *Preaching and Biblical Theology.* Philadelphia: Presbyterian and Reform Publishing Co.

FORSYTH, P.T.
1908   *Positive Preaching and the Modern Mind.* New York: Armstrong.

GOMA, Tomás Isidro.
1947   *La Biblia y la predicación.* Barcelona: Rafael Casulleras.

GRASSO, Doménico.
1966   *Teología de la predicación.* Salamanca: Sígueme

JOHNSON, Herrick.
1940   *El ministerio ideal.* México, D.F.: Casa Presbiteriana.

KENNEL, Le Roy.
1965   "Communication Constructs in American Protestant Preaching, 1940-1965". Tesis doctoral presentada en el Departamento of Speech, College of Communication Arts, Michigan State University, East Lansing, Michigan, USA.

KILLINGER, John.
1969   *The Centrality of Preaching in the Total Task of the Ministry.* Waco, Texas: Word.

KNOX, John.
1964   *A Integridade da pregacao.* Sao Paulo: ASTE.

LUCCOCK, Halford E.
1954   *Communicating the Gospel. The Lyman Beecher Lecture at Yale.* New York: Harper & Row.

MERGAL, Angel
    s.f.   *Arte cristiano de la predicación.* México: Casa Unida.

MCPHERSON, Ian.
    1955   *The Burden of the Lord.* Nashville: Abingdon.

MILLER, D.G.
    1957   *Way to Biblical Preaching.* Nashville: Abingdon.

    1954   *Fire in Thy Mouth.* Nashville: Abingdon.

MOUNCE, Robert H.
    1960   *The Essential Nature of New Testament Preaching.*
            Grand Rapids: Eerdmans.

OTTO, Heinrich.
    1961   *Theology and Preaching.* Philadelphia: Westminster.

PHILIBERT, Michel.
    1964   *Christ's Preaching and Ours.* Richmond, Va.:
            John Knox.

READ, David H.
    1951   *The Communication of the Gospel.* London: SCM.

REID, Clyde.
    1967   *The Empty Pulpit.* New York: Harper and Row.

RITSCHL, Dietrich.
    1960   *A Theology of Proclamation.* Richmond: John Knox.

ROBERTSON, A. T.
    1967   *The Glory of the Ministry.* Grand Rapids: Eerdmans.

SELLERS, James E.
    1961   *The Outsider and the Word of God.* Nashville: Abingdon,

SLEETH, Ronald.
    1964   *Proclaiming the Word.* Nashville: Abingdon.

    1956   *Persuasive Preaching.* New York: Harper & Row.

SOPER, Donald O.
    1961   *The Advocacy of the Gospel.* Nashville: Abingdon.

STEWART, James S.
1966   *A Faith to Proclaim.* London: Hodder and Stoughton.

TIZARD, Leslie
1962   *La predicación, arte de la comunicación.* Buenos Aires:
La Aurora.

WAUGH, R. M. R.
1954   *The Preacher and His Greek Testament.* London:
Epworth Press.

WHITE, Douglas M.
1956   *Así Predicó Jesús.* México: Publicaciones de la Fuente.

ZANLORENZI, Ivo.
1965   *A Pregacao na Renovacao da Igreja.* Sao Paulo:
Livreria Duas Cidades.

NATURALEZA DE LA COMUNICACION[**]

AUER, J. Jeffrey, EISENSON, John and IRWIN, John V.
1963   *The Psychology of Communication.* New York:
Appleton-Century-Crofts.

BATESON, Gregory y RUESCH, Jurgen.
1965   *Comunicación: la matriz social de la psiquiatría.* Buenos
Aires: Paidós.

BERLO, David K.
1968   *El proceso de la comunicación.* Buenos Aires: Ateneo.

BETTINGHOUSE, Erwin P.
1968   *Persuasive Communication.* New York: Holt,
Rinehart and Winston.

CARNEGIE, Dale
1961   *Cómo hablar bien en público.* Buenos Aires: Cosmos.

FENWICH, Aloisyus y LEZANA, Hugo Ezequiel.
1964   *Teoría de la·persuasión.* Buenos Aires: Editorial Troquel.

[**] Incluye la retórica y la persuasión.

FLEUR, Melvin L.
1971   *Teorías de comunicacao de massa.* Rio de Janeiro:
        Zahar Editores.

HOVLAND, Carl I., JANNIS, Irwing and KELLY, Harold H.
1953   *Communication and Persuasion.* New Haven: Yale
        University Press.

HOWE, Ruel.
s. f.   *El milagro del diálogo.* San José: Centro de Publica-
         ciones Cristianas.

MAJORANA, Angel.
s.f.   *Arte de hablar en público.* Madrid: Moderna.

MALETZKE, Gerhard.
1970   *Sicología de la comunicación colectiva.* Quito:
        Centro Internacional de Estudios Superiores de Perio-
        dismo para América Latina.

MARTINEZ, M. E.
1942   *Ayuda para predicadores.* Buenos Aires: La Aurora.

MCBURNEY, J. y WRAGE, E.
1963   *El arte de bien hablar.* Barcelona: Garriga.

MCFARLAND, Kenneth.
1966   *Elocuencia para hablar en público.*
        México: Herrero Hnos.

MCLAUGHLIN, Raymond W.
1968   *Communication for the Church.* Grand Rapids:
        Zondervan.

MILLER, Gerald.
1966   *Speech Communication: A Behavioral Approach.*
        New York: The Bobbs-Merrill Co.

MINNICK, Wayne C.
1957   *The Art of Persuasion.* Cambridge, Mass.: Riverside
        Press.

NYDA, Eugene A.
1972   *Message and Mission.* South Pasadena: William Carey
        Library.

PEREYRA, Héctor.
   1963   *Hacia la elocuencia.*   El Paso: Casa Bautista de
           Publicaciones.

PROCHNOW, Herbert.
   1960   *Tratado de oratoria.*   México: Continental.

ROSS, Raymond.
   1965   *Speech Communication.*   Englewood Cliffs, New Jersey:
           Prentice Hall.

SCHRAMM, Wilbur.
   1969   *Procesos y efectos de la comunicación colectiva.* Quito:
           Centro Interamericano de Estudios Superiores de
           Periodismo para América Latina.

   1966   *La ciencia de la comunicación humana.* México:
           Editorial Roble.

PREDICACION Y SERMON

BLACKWOOD, A. W.
   1965   *A preparacao de sermoes.*   Sao Paulo: ASTE.

   1956   *Planning a Year's Pulpit Work.* Edinburgh: Saint Andrew
           Press

   1953   *La preparación de sermones bíblicos.*   El Paso: Casa
           Bautista de Publicaciones.

BURT, G.
   1954   *Manual de homilética.*   Sao Paulo: Imprenta Metodista.

CRANE, James D.
   1959   *El sermón eficaz.*   El Paso: Casa Bautista de
           Publicaciones.

DAVIS, Henry
   1958   *Design for Preaching.*   Philadelphia: Fortress Press.

EVANS, William.
   1959   *La proclamación del mensaje.*   Temuco, Chile:
           Alianza.

HAWKINS, Tomás
    1964   *Homilética práctica.* Buenos Aires: Junta Bautista.

JONES, Ilion T.
    1956   *Principles and Practice of Preaching.* Nashville: Abingdon

LUCCOCK, Halford E.
    1944   *In the Minister's Workshop.* Nashville: Abingdon.

MACLENNAN, David A.
    s. f.   *Resources for Sermon Preparation.* Philadelphia: Westminster.

MORGAN, G. C.
    1926   *Searchlights from the Word.* New York: Revell

NOBRE, Abdias.
    1955   *Manual da pregacao,* Sao Paulo-Casa Editora Presbiteriana.

PATTISON, T. Harwood.
    1941   *The Making of a sermon.* Philadelphia: American Baptist Publishing Society.

PEARLE, Winston J.
    1967   *Planning Your Preaching.* Nashville: Broadman.

PERRY; Lloyd M.
    1970   *Biblical Sermon Guide.* Grand Rapids: Baker.

    1967   *A Manual for Biblical Preaching.* Grand Rapids: Baker.

PERRY, Lloyd M. and WHITESELL, Faris D.
    1954   *Variety in Your Preaching.* Westwood, New Jersey: F. H. Revell.

PHELPS, Austin.
    1801   *My Notebook.* London: Unwin.

ROBLETO, Adolfo.
    s.f.   *El sermón evangelístico y el evangelista.* El Paso: Casa Bautista de Publicaciones

RODDY, C. S. (ed.)
    1959   *We Prepare and Preach.* Chicago: Moody Press.

SANGSTER, W. E.
    1959   *The Craft of the Sermon.* London: Epworth.

SOBRINHO, Munguba.
    1969   *Homilética.* Recife: Seminario Teológico Bautista do
            Norte.

STEVENSON, Dwight E.
    1967   *In the Biblical Preacher's Worshop.* Nashville:
            Abingdon.

STIBBS, Alan.
    1960   *Expounding God's Word.* London: Inter Varsity
            Fellowship.

UNGER, Merrill.
    1965   *Principles of Expository Preaching.* Grand Rapids:
            Zondervan .

VILA, Samuel.
    s. f.   *Manual de Homilética.* Chicago: Moody Press.

WARDELL, Robert J.
    s. f.   *A Manual of Sermon Construction.* London: Robert
            Culley.

YATES, Kyle M.
    1954   *Predicando de los libros proféticos.* El Paso: Casa
            Bautista de Publicaciones.

ZAMBRANO y R., Apolinar.
    s. f.   *Manual de Homilética.* México: Casa Unida .

PREDICACION Y PREDICADOR

BREWINGTON, Guillermo.
    s. f.   *La lectura pública de las Sagradas Escrituras.*
            Guatemala: Centro Educacional.

FARMER, J.
    1942   *The Servant of the Word.* London: Nisbet.

HALL, Daniel.
1914   *Apuntes y sugestiones para predicadores.* Buenos Aires:
Imprenta Metodista.

HASSELDON, Kyle.
1963   *The Urgency of Preaching.* New York: Harper and Row.

JEFFERSON, C.E.
1905   *The Minister as Prophet.* New York: Crowell.

JOWETT, John Henry.
1969   *O Pregador, sua vida e obra.* Sao Paulo: Casa Editora
Presbiteriana.

KOLLER, Charles.
1962   *Expository Preaching Without Notes.* Grand Rapids:
Baker.

MACARTNEY, Clarence Edward.
1946   *Preaching Without Notes.* Nashville: Abingdon.

MAC LENNAN, David A.
1950   *A Preacher's Primer.* New York: Oxford.

MCNEIL, Jessa Jai.
1961   *The Preacher-Prophet in Mass Society.* Grand Rapids:
Eerdmans.

MELTON, W. W.
s. f.   *¿Llamado a predicar?* El Paso: Casa Bautista de
Publicaciones.

MEYENBERG, A.
1908   *La práctica del púlpito.* Madrid: Razón y Fe.

MOOREHEAD, Lee C.
1961   *Freedom of the Pulpit.* Nashville: Abingdon.

SANGSTER, W. E.
1951   *The Approach to Preaching.* London: Epworth.

SHEPARD, J.M.
1959   *O pregador.* Rio de Janeiro: Casa Publicadora Batista.

TRENCHARD, Ernesto.
    1957   *Consejos para jóvenes predicadores.* Barcelona: La Aurora

TREVIÑO, Alejandro.
    1964   *El predicador: pláticas a mis estudiantes.* El Paso: Casa Bautista de Publicaciones.

PREDICACION Y CONGREGACION

ABBEY, Merrill R.
    1964   *Living Doctrine in a Vital Pulpit.* Nashville: Abingdon.

    1963   *Preaching to the Contemporary Mind.* Nashville: Abingdon.

ALLMEN von, Jean-Jacques.
    1965   *Preaching and the Congregation.* Richmond: John Knox

HOWE, Ruel.
    1967   *Partners in Preaching. Clergy and Laity in Dialogue.* New York: Seabury.

KEMP, Charles F. (ed.)
    1953   *Pastoral Preaching.* St. Louis: Bethany Press.

LINN, Edmund Holt.
    1966   *Preaching as Counseling.* Valley Forge: Judson.

REID, Clyde.
    1969   *Groups Alive - Church Alive.* New York: Harper & Row.

    1967   *The Empty Pulpit.* New York: Harper and Row.

THOMPSON, William and BENNETT, Gordon C.
    1969   *Dialogue Preaching. The Shared Sermon.* Valley Forge: Judson.

PREDICACION Y OCASION

JORDAN, G. Ray.
    1962   *Preaching During a Revolution.* Anderson, Indiana: Warner Press.

KEMP, Charles F.
    1956   *Life Situation Preaching.*   St. Louis: Bethany Press.

STINNETTE, Charles R.
    1959   *Faith, Freedom and Selfhood.*   Greenwich, Conn.:
            Seabury.